KB231345

백색국가 건설사

백색국가 건설사

박진빈 지음

앨피 book

4 · 내부의 타자 만들기

서부 · 남부 · 식민지 합병에 작용한 '통합과 배제'의 원리

5 · '이민 천국'의 이민 제한법

인종주의와 배외주의의 산물, 이민법과 국적법

6 · 인종 개량의 신화
세계 최고 국가 건설을 위한 '자기검열'

감사의 글

그저 마음이 이끌리는 대로 뚜렷한 연관성이 없는 것들을 여기저기 헤집고 있다고 생각했는데, 어느 순간 그것들이 갑자기 마치 거대한 계획이 처음부터 존재했던 것처럼 하나의 그림으로 모아지는 때가 있다. 그런 순간의 희열 때문에 학문을 하는 것이리라.

인문학의 여느 분야와 마찬가지로 각자 책 읽고 각자 글 쓰는 외로운 작업이지만 함께 공부하고 고민하는 커뮤니티들이 있기에 버텨오고 있다는 생각이 든다. 이 책이 완성되기까지 많은 분들의 도움을 받았기에 감사하는 마음을 전한다.

항상 전반적인 미국사의 흐름에 대한 감각을 잃지 않도록 해주는 서울대 미국학연구소 세미나팀 선생님들, 언제나 신선한 지적 자극과 함께 내가 왜 공부를 시작했는지 상기시켜주는 한국미국사학회 대학원생 연합세미나팀의 사랑스런 제자들, 바쁜 와중에 초고를 꼼꼼히 읽고 귀중한 조언을 해준 동기 박진한, 그리고 기획에서 완성까지 함께하며 격려를 아끼지 않은 앨피의 노경인, 김주영 실장님. 이분들이 없었다면 여기까지 오기 어려웠을 것이다.

마지막으로 이 책의 내용에 대해서는 한 번도 이야기를 나누지 않았음에도 불구하고 누구보다도 이 책의 탄생을 고대하고 계시는 부모님께, 당신들의 사랑과 지지가 얼마나 든든한 정신적 버팀목이 되고 있는지, 감사드린다.

2006년 9월

박진빈

백 년 전 미국이 선택한 '개혁'

혁신주의운동의 3가지 배경

미국 역사에서 '혁신주의운동Progressivism; Progressive Movement'이라 함은 19세기 말에 시작되어 20세기 초반 절정에 달했던 광범위한 개혁운동을 일컫는다. 당시 미국은 다양한 분야에서 급격한 변화를 겪고 있었기에 응당 대책이 필요했다. 혁신주의 개혁의 배경이 되는 이 변화들 가운데서도 핵심적인 세 가지 정황은 다음과 같다.

첫째는 남북전쟁American Civil War의 종료이다.

이 무렵, 정확히 1865년에 미국은 4년여 동안 끌어온 내전을 끝내고 다시 하나의 국가로 봉합되었다. 이 전쟁은 단지 흑인 노예에 대한 남북 지역의 견해 차이 때문에 벌어진 전쟁이 아니었다. 그것은 농업 위주의 사회(남부)와 산업화 세계(북부) 간의 갈등이자, 미국의 근대화 방향을 놓고 벌인 한판 승부이기도 했다. 그런데 이제

내분이 일단락되어 한 방향으로 전진할 환경이 만들어졌다.

전쟁 직후인 1869년, 북아메리카 대륙을 횡단하여 대서양과 태평양 연안을 잇는 '대륙횡단철도'가 완성되어 19세기 내내 물리적으로 점령하는 데에 급급했던 서부라는 거대한 공간을 진정한 의미에서 미국으로 통합할 기반이 마련되었다. 철도 완성 이전의 미국이 서로 떨어진 섬들처럼 격리되고 분리된 공동체 집합이었다면, 이제는 각 지역 사이에 복잡 다양한 네트워크가 형성되어 서로 밀접한 관계가 되었다. 이전에는 이웃하는 소읍 위주의 생활방식으로 인해 주 단위 행정도 미국인의 삶에 큰 영향을 미치지 못했지만, 이제는 주정부, 나아가 연방정부의 역할이 중요해지는 시대가 찾아왔다.

남북전쟁에 이어 거론할 수 있는 두 번째 사회 변동 요인은 산업화이다.

전쟁 이후에 본격화된 산업화는 그저 업계 판도만이 아니라 미국인의 생활 전반을 바꿀 만큼 그 파급력이 대단했다. 대량생산과 대량소비의 시대로 접어들며, 산업계가 요구한 효율성은 곧 삶의 또 다른 가치로 자리 잡았다. 오늘날까지도 남아 있는 미 굴지의 대기업들이 이 시기에 생겨났고, 그들의 성공 신화가 또 다른 미국의 꿈으로 등장했다. 1900년을 기점으로 미국의 산업생산량은 유럽을 넘어섰다. 그 여파로 산업 노동자 수는 엄청나게 증가했지만, 이들의 권리를 바라보는 시각은 여전히 이전 시대에 머물렀다.

그 결과, 노동자들의 작업 환경은 착취라고 할 만큼 악화되었고, 단체교섭권이나 파업권은 보장되지 않았다.

19세기 말부터 20세기 초반에 이르는 시기에 미국 사회를 변화시킨 마지막 요인은 도시화이다.

이전에도 도시가 없었던 것은 아니지만, 이 정도 규모와 숫자는 아니었다. 이제는 전 시대와 비교도 되지 않을 만큼 많은 사람들이 도시에 거주하는 시대로 접어들었다. 도시는 생활과 산업의 중심지이자, 정치·경제·문화의 변화를 주도하는 장소였다. 그러나 도시화가 가져온 결과는 그리 아름답지만은 않았다. 기반 시설을 미처 갖추기도 전에 덩치만 커진 도시의 곳곳에서 각종 부작용이 나타났다. 상·하수도 시설이나 쓰레기 처리장, 무엇보다 충분한 주택조차 마련되지 않은 채 인구만 급증한 도시의 위생과 환경 상태가 어떠했을지는 상상하기 어렵지 않다. 게다가 이 책에서 자세히 다루고 있듯이, 도시 인구의 다수가 생소한 외모와 언어를 지닌 외국인들일 때 일어났을 혼돈이란⋯⋯.

혁신주의운동의 4가지 목표

이러한 혼돈과 변화 속에 미국은 세계에서 가장 강력하고 성공한 나라가 되고 있었다. 미국은 성장 일로에 있는 비교적 '젊은' 국가었다. 그러나 젊고 강력한 나라라고 해서 갈등을 피해 갈 수는 없는 노릇이었다. 급격한 산업화와 도시화는 도시 환경, 노동자, 이민 등 여러 분야에서 심각한 문제를 일으켰다. 조만간 이들 문제를 처리할 방안이 마련되지 않으면 젊은 제국의 발전에 걸림돌이 될 것이 분명했다.

애초에 '이민자의 나라'라고 불릴 만큼 다종다양한 사람들이 모인 나라가 하나의 국가로 거듭난다는 것이 그리 녹록한 일은 아니었다. 내전 후 반란 지역(남부)을 재통합하고, 광대한 서부를 미국으로 만드는 작업 말고도, 도시를 중심으로 늘어나는 외국인들을 '미국인'으로 만드는 일에는 많은 노력이 필요했다. 게다가 새로운 시장의 필요 때문에 진출한 라틴아메리카와 아시아에서 부딪힌 미국의 정체성과 현지인들의 지위 문제는 하나의 국가로서 미국이 나아가야 할 방향을 심각하게 고민하게 했다. 이질적인 지역들을 통합하고, 안팎으로 늘어난 외국(인)과의 접촉에 대응하는 일은 미국이 풀어야 할 과제였다.

그리하여 19세기 말, 미국에서는 이러한 총체적인 변화와 갈등을 해결할 방안이 다방면에서 모색된다. 그리고 그 해결책으로 여러 분야에서 개혁을 시도하는데, 이 큰 개혁의 흐름을 일컫는 이름이 바로 '혁신주의'이다.

혁신주의는 수많은 분야에 걸쳐 진행된 개혁이기 때문에 딱 한마디 말로 규정짓기 어려울 뿐 아니라, 때로는 전혀 상반되는 운동들을 포함하기도 했다. 혁신주의의 절정기에는 공화당과 민주당,

기타 제3당들까지 가담하는 초당적인 운동이었고, 아직 걸음마 단계였던 여성의 사회 참여도 중요한 부분을 차지했다. 시어도어 루스벨트, 우드로우 윌슨, 로버트 라폴레, 윌리엄 제닝스 브라이언, 제인 애덤스 등 이 시대를 대표하는 혁신주의자들의 이름만 열거해봐도 이 운동이 얼마나 다양하고 이질적인 집합체였는지 알 수 있다.

다만, 혁신주의자들은 남녀를 불문하고 미국 출생이며, 중상류층 가정에서 고등교육을 받았다는 공통점이 있었다. 또 대부분 개신교도로서 다양한 전문직에 종사했다. 의사, 변호사, 목사, 기업인, 출판 편집인, 교사와 교수, 공학인, 자선사업가 등의 직종을 포괄하는 혁신주의자들은 종교적 사명감에 사회과학적 마인드를 겸비한 인재들이었다. 이들이 앞장선 혁신주의운동은 한 마디로 산업화와 도시화의 부작용에 대처하고, 미국이 강대국으로 도약하는 시대에 발맞춰 대대적으로 진행된 사회·정치·경제·환경 분야의 개혁이었다.

그 주체의 다양성에도 불구하고, 혁신주의운동에는 절대다수의 혁신주의자들이 동의할 만한 네 가지 목표가 있었다.

1. 도덕 개혁

혁신주의운동에서 가장 많이 입에 오르내린 말은 아마도 '사회적 향상social uplifting'일 것이다. 혁신주의자들이 즐겨 사용한 '업리프트' 정신에 관한 말로, 이들이 어떤 물질적 조건의 개선보다 정신 및 도덕의 문제를 중시했음을 보여준다.

대부분의 혁신주의 운동가들의 문제의식은 당시 사회문제들이 정신의 부패, 도덕의 부재, 종교의 상실에서 비롯되었다는 판단에서 출발했다. 이들이 보기에 19세기 말 미국의 모습은 물질문명과 도시화의 해악에 찌든 소돔과 고모라(구약성서에 등장하는 죄악의 도시)였다. 그래서 이들의 개혁 의지는 19세기 초반 개신교 교회들이 운영한 자선봉사 단체에 기원하고 있다. 여기서 더 올라가면, 미국의 건국 이념을 제공한 청교도 정신과 복음주의(성서에 나오는 예수의 가르침을 중시하는 입장) 신앙이 나온다.

도덕 개혁을 중시한 혁신주의운동은 금주법 제정, 빈민 봉사와 교육 활동, 여성의 참정권운동 등을 이끌었다. 또한 국가적 제도와 법칙이 아직 확고히 마련되지 않은 도시정부 관련 부정부패와 정경유착의 고리들 역시 도덕 개혁의 칼날을 맞았다.

2. 사회복지

19세기 말~20세기 초, 미국에는 아직 국가 차원의 복지제도가 존재하지 않았다. 직업과 생계·가난·건강과 위생·노년·육아 등의 문제는 대체로 개인이 알아서 할 문제로 여겨졌고, 어쩌다 긴급한 위기 상황이 벌어져도 구호 물자 등을 제공하는 것은 대부분 사설 단체들이었다. 이 무렵 현대적 형태의 보험회사가 등장해서 여유 자금이 있는 계층이라면 돌발 사태에 개인적으로 대비할 수 있었지만, 그것은 극히 일부 계층의 얘기였다.

혁신주의운동이 복지 문제에 큰 비중을 두었던 것은 이와 같은 국가 복지제도의 부재 때문이었다. YMCA(기독교 청년회) 류의 개신교 중심의 복지기관과 부유층 여성들이 사재를 털어 만든 세틀먼트하우스Settlement House 등은 공권력이 미치지 못하는 일반 국민의 삶에 최소한의 구제제도로 기능했다. 이 밖에 공중보건, 공중위생의 개념도 이즈음에 생겨났다.

그러면서 이전까지 개인의 문제로만 여겨지던 일들이 사회 전체의 과제라는 생각이 싹텄고, 사설단체들이 시작한 복지제도를 국가의 정책으로 구현해야 한다는 믿음이 설파됐다. 혁신주의운동은 이러한 인식의 전환에 크게 기여했고, 제도와 법 제정을 통한 개혁에 앞상섰다. 보건법과 위생법, 주거환경법, 미망인연금법, 아동복지법 등은 혁신주의운동이 일군 대표적인 성과들이다.

3. 경제 개혁

혁신주의운동은 제어되지 않고 마구잡이로 발전해온 자본주의의 폐해를 깊이 인식하고, 이를 개혁할 방안을 모색했다. 개인과 사회의 경제 생활에 정부가 거의 간섭하지 않는 자유방임 체제는 대기업 중심의 경제 체제를 성립시켰고, 이는 수많은 부작용을 양산했다.

우선 당대인의 가장 큰 우려를 불러일으킨 것은 독점기업의 문제였다. 동종 기업들이 연합이나 합병으로 가격을 담합하는 일이 고질적인 사회 병폐가 되었다. 또한 대기업이 자본을 동원하여 다른 업종까지 문어발 식으로 집어삼키는 문제 역시 해결 방법을 찾지 못한 상태였다. 따라서 독점을 해체하고 담합을 방지할 제반 법률의 제정은 혁신주의운동의 또 다른 목표였다.

이와 함께 혁신주의운동은 노동자의 작업 조건 개선과 권리 보장을 위한 제도 마련에 적극 나섰다. 아동 노동이 금지되고, 여성의 노동 시간이 제한되었으며, 최저임금제나 산업재해 보상제도 등이 논의되었다. 노동조합의 완전 합법화까지는 아직 넘어야 할 산이 많았으나, 1910년대까지 노조 합법화 활동이 꾸준히 이어지며 진전을 보았다.

4. 효율성 개선

'효율'은 혁신주의자들에게 중요한 가치였다. 산업 분야에서 '테일러리즘taylorism'(최소 비용과 최소 노동으로 최고의 생산성을 달성하는 과학적 관리법)을 중심으로 효율성 증진이 중요 과제로 떠오른 것처럼, 도시 시스템 구축과 국가 제도 마련에서도 효율성은 핵심 사항이었다. 특히 그 규모와 인구가 무계획적으로 비대해져 여러 가지 병폐를 낳는 도시 문제를 해결하려면, 합리적인 교통 체계와 사회 기반 시설의 건설이 필수적이었다. 이런 인식에서 도시의 용지 개발 및 정비도 효율적인 발전을 추구하는 방향으로 진행되었다.

효율성 증진운동은 단순히 시설 확충 차원에 머무르지 않고, 효율적인 행정과 통치 문제로 확장되었다. 이 시기에 도시정부들은 자치법인 〈홈룰Municipal Home Rule〉을 제정하여 전문가 집단에게 도시 운영을 맡기고, 일반인의 민주적 참여를 고무하고자 노력했다. 그 결과, 효율성 증진운동은 대규모 관료 집단을 양성하고, 공학적 행정을 도입하는 계기가 되었다.

정리하자면, 19세기 말~20세기 초 미국에서 일어난 혁신주의운동은, 급격히 발전하던 자본주의의 틀을 인정하고 그 부작용을 개선하려 한 '체제 내의 개혁'이었다. 그 구체적인 방안은 법과 제도의 정비였다. 이를 통해 시스템을 구축함으로써 더 나은 사회를 만들 수 있다는 믿음이 개혁의 원동력이었다. 이와 함께 강조된 것이 정부의 역할이다. 국민들의 삶의 질을 개선하는 것이 국가의 임무라는 생각은 이 시대의 산물이다.

이런 의미에서 혁신주의운동은 미국이 진정한 의미에서 근대국가로 완성되는 계기가 되었다. 비록 혁신주의운동은 대체로 1차 세계대전의 발발로 중심을 잃고 중단되었다고 평가되지만, 그 주요 과제들은 이후의 뉴딜 개혁으로 이어져 대부분 정책화되는 성과를 일구어냈다. 이처럼 미국의 근대화를 완성하고 오늘날 미국의 근간을 만든 것이 바로 혁신주의이기 때문에, 혁신주의가 미국사에서 차지하는 위치와 의의는 실로 심대하다.

미국의 혁신주의 연구

그처럼 중요한 혁신주의이니만큼 미국 역사학계에서도 비중 있게

다뤄졌다. 20세기에 씌어진 역사서 가운데 고전으로 꼽히는『개혁의 시대*The Age of Reform : From Bryan to FDR*』(1955)에서, 리처드 호프스태터Richard Hofstadter는 혁신주의를 구엘리트들이 주도한 일종의 과거 지향적 운동으로 평가했다. 호프스태터는 당시 주요 혁신주의자들이 점차 지위를 잃어가던 수공업자와 지식인들로서, 주로 자신들의 도덕적 권위를 회복하겠다는 의지에서 운동을 시작했다고 보았다.

호프스태터가 이처럼 혁신주의를 복고적 운동으로 분석했다면, 1967년에 나온 또 다른 고전『질서를 찾아서*The Search for Order*』는 이와 정반대의 해석을 내놓았다. 이 책을 쓴 로버트 위비Robert Wiebe에 따르면, 혁신주의의 중심 세력은 공무원·의사·변호사·교육자·공학도·사회복지사 등의 신흥 중산층이었다. 위비는 혁신주의의 요체를 이 신엘리트들이 주도한 사회 조직화와 관료화라고 보았다.[1]

새뮤얼 헤이즈Samuel Hays 같은 이는 혁신주의를 가능하게 한 기능적 기구와 조직에 더 주목했다. 그는 특히 도시를 중심으로 한 기반 시설 확충과 이를 운영하는 과학적이고 관료적인 체계 구축이야말로 개혁의 핵심이었다고 파악했다. 이런 면에서 헤이즈는 혁신주의가 미국에서 세련된 형태의 '근대화'를 완성하는 계기였다고 보았다.[2]

그런가 하면 가브리엘 콜코Gabriel Kolko나 제임스 웨인스틴James Weinstein은 혁신주의가 결국 자본주의적 기업과 사업가들에게 필요한 기반을 구축하는 결과를 낳았다고 주장했다. 이들에 따르면 혁신주의는 곧 '기업 자유주의'였으며, 때로는 아예 대기업의 효율성을 높이고자 기획된 개혁이 된다.[3]

이 연구들은 오늘날까지도 혁신주의 연구의 출발점이 된다. 이들의 주장은 각각 혁신주의의 조금씩 다른 요소와 인물에 초점을 맞추어 논지를 이끌어간다. 물론 1970~80년대에도 혁신주의를 다룬 연구가 계속 발표되었지만, 기존의 연구서를 뛰어넘는 새로운 해석을 보여준 것은 별로 없다. 그중에서 눈에 띄는 것은 1981년 출판된 티 잭슨 리어스T. Jackson Lears의 『은혜 없는 곳*No Place of Grace*』으로, 지성적·문화적 측면에서 혁신주의 시대를 다루었다. 여기서 리어스는 혁신주의 시대가 실은 반근대적 정서가 팽배했던 때였음을 지적하고, 대중서와 시집·설교·강의 등을 분석하여 혁신주의 연구의 새로운 장을 열었다.[4]

최근 저서 가운데에서는 꼭 언급해야 할 책이 두 권 있다. 다니엘 로저스Daniel Rodgers의 『대서양 건너기*Atlantic Crossings*』와 마이클 맥거Michael McGerr의 『맹렬한 불만*A Fierce Discontent*』이다.

우선 로저스의 책은 혁신주의가 범대서양을 아우르는 지적·사상적·문화적·정책적 교류의 산물이었음을 밝힌 역작으로, 그간 소홀했던 혁신주의의 국제적 측면을 탁월하게 분석했다. 한편, 맥거는 혁신주의운동의 급진적인 측면이 평가절하되었다고 본다. 따라서 그는 사회주의와 노동운동에서 지대한 영향을 받은 혁신주의 요소를 분석하려 했다.[5]

이외에도 여러 저서들이 지역적·전국적, 더 나아가 세계적 측면에서 혁신주의운동을 다루었음에도 불구하고 여전히 석연치 않은 부분이 있다. 그것은 바로 이러한 개혁의 시대가 미국이 제국주의 국가로 등장한 시대와 겹친다는 점이다. 어떻게 진보적 개혁이 제국주의와 같이 갈 수 있다는 말인가? 대부분의 혁신주의 관련 도서는 이러한 '겹침'에 특별히 주목하지 않는 태도를 보인다. 혁신주의는 혁신주의대로, 제국주의는 외교사 분야에서 각각 별개로 다루는 경향 때문이다. 그렇다면 미국에서 혁신주의 개혁의 시기가 제국주의 시대이기도 했다는 사실을 어떻게 설명해야 할까?

혁신주의와 제국주의의 공존

19세기 말 미국은 외교 정책에서 이전까지의 소극적인 불개입주의를 버리고, 태평양 너머까지 침략하는 적극적 개입 정책으로 돌아선다. 라틴아메리카에 대한 주도권을 주장하며, 여러 나라의 내정에 간섭하기 시작한 것도 바로 이때이다. 세계의 다른 지역에 대한 비민주적인 점령과 통치를 정당화하는 제국주의가 혁신주의라는 개혁적 시대 조류와 공존했다는 사실은 아이러니가 아닐 수 없다. 국내의 빈민과 노동자 복지 문제를 고민하던 시대에, 미국인들은 어떻게 외국에 대한 식민화 정책을 받아들일 수 있었을까?

이러한 의문은 당시 혁신주의자들 가운데 다수가 제국주의자였으며, 거의 대부분 전쟁을 지지했다는 사실에서 더욱 증폭된다. 뉴욕의 슬럼철거운동과 행정 개혁으로 유명한 혁신주의자 시어도어 루스벨트는, 1904년 미국의 26대 대통령에 당선된 뒤 강력한 팽창 정책을 펼친 제국주의자이기도 했다.

본디 국내 정책과 외교 정책은 무관할 수 없다. 두 가지 다 하나의 정체政體가 지닌 세계관과 이념의 산물이라는 점에서, 그리고 동시대의 국내 상황과 국제적 상황에 대한 이해는 서로 영향을 주고받으며 형성된다는 점에서 그러하다. 그렇다면 19세기 말~20세기 초 미국의 혁신주의와 제국주의의 공존에는 어떤 배경과 뿌리가 있을까?

혁신주의와 제국주의는 어울리지 않는 개념 같지만, 그 내면을 들여다보면 놀랍게도 유사하다. 둘 다 더욱 강력하고 위대한 미국을 만들려는 계획이었다는 점에서 그 태생이 같기 때문이다. 혁신주의로 번역한 '프로그레비시즘progressivism'을 원래 뜻에 충실하게 진보주의로 직역하면, 서양 역사를 진보의 과정으로 이해한 그들의 의도가 좀 더 선명하게 보인다. 이러한 면모는 혁신주의운동 곳곳에 숨어 있던 인종주의적, 엘리트주의적 의식에서 바로 확인된다.

이 책은 바로 지금껏 설명되지 않은 혁신주의운동의 보수적 측면에 주목한다. 만민 평등과 호혜를 목표로 삼지 않은 개혁이란 대체 누구를 위한 개혁이었으며, 그 '혁신'의 결과 만들어진 미국은 어떤 모습이었나? 어찌 보면 답이 뻔한 질문 같지만, 이 질문은 오늘날 미국이란 국가의 정체성을 결정짓는 중대한 문제이다.

누구를 위한 개혁이었나

6장으로 구성된 이 책은 19세기 말부터 20세기 초까지 진행된 혁신주의운동의 과제들을 이야깃거리로 삼아 당시 개혁의 의미를 추적한다. 이 시기 개혁의 본질은 '향상'이었다. '향상'이나 '진보' 따위의 개념이 가치 중립적이지 않다는 점은 새삼 지적할 필요가 없을 것이다. 그래서 이들 개념을 논할 때에는 항상 이런 의문이 선행되어야 한다. 누구를, 무엇을 위한 향상이었나? 누구의 기준에서 진보였는가? 개혁 대상과 개혁 주체의 견해는 어떻게 달랐는가?

이 시기 미국의 혁신주의운동을 '비민주적'이라고 평가하는 까닭은, 그 개혁이 민주적 수사로 포장되긴 했지만 철저히 백인 엘리트의 사회적 사명으로 추구되었기 때문이다. 그들은 '사회정의social justice' 구현을 추구했지만, 그 과정에서 발생하는 '사회통제social control'마저 합리화하는 태도를 견지했다. 혁신주의 개혁가들이 보인 강압적이고 인종주의적인 방식은 바로 여기에서 비롯되었다.

한편 이 시기 개혁은 미국의 정체성을 재정립하는 문제와도 밀접한 관련이 있었다. 어떤 나라나 시대도 변함없이 지속되지는 않지만, 이 시기 미국은 유난히 유동적이고 격동하는 사회였다. 영토부터가 계속 팽창 중이었다.

19세기 내내 서부를 정복하여 국토를 넓혀온 미국은, 19세기 말에 이르러서는 다른 국가의 영토까지 진출했기 때문에 국경이 언제나 모호하고 변화무쌍했다. 이처럼 미국의 역사는 끊임없는 영토화와 점령의 역사였다. 제국주의 시대에 새로운 공간으로 진출하는 것과, 그 결과 발생하는 새로운 '미국인'들을 통합하는 것은 국가의 중대 과제였다. 이 과정에서 어떤 요소를 '미국적인' 것으로 포함시키고, 또 어떤 요소를 '비미국적인' 것 혹은 '반미적인' 것으로 규정했는지 살펴보는 것 또한 이 책의 과제이다. 이 끝없는 통합과 배제의 과정이 바로 미국이 제국으로서 새로운 정체성을 확립하는 과정이었음을 다각도로 살필 것이다.

개혁의 무대는 여러 층위에 존재했다. 이 책은 그 다양한 공간에서 혁신주의 개혁가들이 어떻게 변화를 추구했는지 추적한다. 혁신주의자들이 가장 먼저 주목한 공간은 도시였다. 당시 도시는 산업화와 도시화의 폐해가 응집된 공간이었다. 그런 만큼 도시의 문제점을 개선하고, 도시를 더 나은 공간으로 만들려는 정책들이 개혁의 많은 부분을 차지했다. 이 책이 도시 공간의 개혁을 가장 먼저 살피는 이유가 여기에 있다.

1장은 대도시 슬럼에서 개혁가들이 어떤 '문제'를 발견했으며, 이를 어떻게 해결하려 했는지 다룬다. 그리고 2장은 이 시기에 시작되는 도시계획과 계획도시 정책들 속에 어떠한 이념이 자리하고 있는지 비판적으로 살펴본다. 한 마디로, 혁신주의가 도시라는 공간을 어떻게 '개혁'했는지 보는 것이다.

이어서 이 책의 시선은 세계로 돌려진다. 개혁의 대상은 도시에만 있지 않았다. 미국 안팎에서 벌어지는 일들이 서로 영향을 주고받고, 외교 문제가 점점 더 국가의 중추적 과제로 떠올랐다. 그렇다면 이 시기 '제국'으로 등극한 미국은 어떠한 관점에서 세계를 이해했을까. 미국 내에서는 제국주의를 어떠한 방식으로 수용했는지, 특히 혁신주의는 어떠한 맥락에서 그 흐름을 같이했는지 살핀다. 결론부터 말하자면, 제국주의는 기본적으로 '열등한' 세계를 개혁하고 향상시켜야 한다는 믿음에서 출발한 이념이기 때문에 내부 혁신의 연장선상에서 수용되었다.

3장에서는 팽창의 시대에 미국에서 개최된 만국박람회를 중심으로 당시 미국의 세계관을 분석하고, 미국이 그 시기에 빈번하게 접촉한 세계와 세계인들을, 소위 문명과 야만을 어떻게 인식했는지 살핀다. 여기에는 미국이 인식한 미국의 지위와 역할도 포함된다.

4장은 당시 미국이 국내외적으로 서부와 남부, 식민지들을 통합하고 점령한 과정을 다룬다. 국민이라고 다 같은 국민이 아니었다. 여기서는 혁신주의적 세계관에 내재한 인종주의적 측면과, 통합과 배제라는 상반된 정책을 구사한 제국주의가 공존하는 양상이 좀 더 명확히 드러날 것이다.

마지막 두 장은 다시 국내 문제로 눈길을 돌린 개혁가들의 움직임을 다룬다. 제국주의 세계관을 정립하는 데 성공한 미국은 이제 내부를 재정비하는 데 몰두한다. 3장과 4장이 외부에서 만난 '타자他者'와 관련한 정책을 담고 있다면, 5장과 6장은 내부에서 만들어낸 '타자'가 그 대상이다. 이 시기는 모든 외래적인 요소를 배척하는 배외주의Nativism가 극에 달한 시기로, 새로 만들어진 미국의 정체성에 부합하지 않는 요소들은 철저히 내침을 당했다.

5장에서는 이민 규제 정책을 다룬다. 이 시기에 미국은 적극적인 외교 정책을 구축하며 밖으로 뻗어나갔으나, 안으로는 이민 제한법을 만들어 제국의 대문을 걸어 잠그는 이중적 행태를 보였다. 그 와중에 미국으로 유입된 여러 유색인종과 민족들에 대한 이론이 만들어졌고, 이 이론은 내부의 이질적인 구성원들에게 불이익을 주는 정책을 강화시켰다. 그 이론이란 인종주의의 한 형태로 발전한 우생학이었다.

우생학은 6장에서 분석할 20세기 초반 미국의 이른바 '인종 개량 정책'에서도 중요한 역할을 담당했다. 당시 미국이 우생학이란 잣대를 들이댄 대상은 비단 타인종·타민족만이 아니었다. 같은 미국인들도 우열을 가려 분류했으며, 이를 통해 '열성'을 도태시키고 '우성'을 확보하는 정책을 마련했다. 이와 같은 '더 강한 국가 정체성 만들기' 신화가 혁신주의 개혁의 전통과 어떻게 맞닿아 있는지 고찰하는 것이 이 책의 마지막 과제이다.

이 책이 다루는 시간 범위는 1920년대를 포함하므로, 대개의 책에서 혁신주의 시대의 종료 시점으로 잡는 1919년보다 10년이 더 길다. 혁신주의 열망의 어떤 부분은 확실히 1차 세계대전을 계기로 죽어버렸다는 데에는 의문의 여지가 없다. 하지만 향상 및 개량을 통한 개혁, 그리고 백인 중상층 중심의 세계관과 국가 정체성 확립이라는 혁신주의 과제는 계속 이어졌다.

도시에서 세계로, 또 세계에서 다시 국내로 옮겨가며 진행되는 개혁운동의 궤적을 추적하여, 오늘날 가장 강력한 산업국이자 제국으로 우뚝 선 미국의 정체성이 어떻게 만들어졌는지 살펴보자.

정책을 통한 개혁을 추구했던 혁신주의의 특성상, 이 책 역시 당시에 채택된 여러 법과 제도들을 소재로 한다. 혁신주의는 공동주택법·이민 제한법·흑백분리법·단종법 등의 구체적 입법으로 나타나기도 했고, 정원도시운동·박람회·산아제한운동 등 각종 시민단체와 공공기관의 정책으로 구현되기도 했다. 물론 이 책에서 다룬 정책들이 혁신주의 정책의 전부라거나, 이 책이 모든 혁신주의적 법과 제도를 포함했다는 뜻은 아니다. 다만 이러한 일련의 정책들은 어떤 일관성 있는 흐름을 보인다는 점에 주목한다. 그 흐름을 따라가며 오늘날 미국의 정체성의 중추적 기반을 이루는 혁신주의적 세계관을 파악하는 것이 목적이다.

오만과 편견의 슬럼개선운동

누가 그들을 '다른 절반' 이라 불렀는가?

1

★★ 19세기 말 대도시 슬럼가 풍경

덴마크 태생 미국인으로 현대 포토저널리즘의 창시자로 꼽히는 제이콥 리스Jacob August Riis(1849~1914)의 사진 하나.[1]

전형적인 뉴욕 공동주택tenement ; tenement house의 단칸방 살림이 사진기를 향해 펼쳐져 있다. 이탈리아에서 이민 온 지 얼마 안 되는 7인 가족이 살고 있는 네 평 남짓한 방. 아버지, 어머니, 아들 둘, 딸 셋. 일인용 침대와 아기 침대가 하나씩 있고, 여기에 붙박이 벽장과 찬장이 이 가족이 소유한 가구의 전부이자 전 재산이다. 사진 한편에는 식사 준비와 난방을 동시에 해결해줬을 석탄 스토브가 있다. 정면에는 복도로 통하는 현관문, 아마도 이 방의 유일한 문일 것이다. 사진에 찍힌 이 공간은 가족의 거실이자 침실이며 주방이고, 작업실이자 양육실·세탁실이며 휴식 공간인,

포토저널리즘의 창시자로 불리는 제이콥 리스(왼쪽)와 리스가 찍은 '뉴욕 공동주택 단칸방'(위)

본인이 덴마크 출신 이민자였던 리스는, 신문기자가 된 후 뉴욕의 어두운 뒷골목 사진을 찍어서 유명해졌다. 그의 사진집은 가난한 이민들의 삶을 적나라하게 드러내어 양심 있는 시민들의 뜨거운 반응을 이끌어냈다. 그의 작업과 사진집은 슬럼개선 운동의 시발점 구실을 했다.

한 마디로 이 가족에게 주어진 유일한 공간이다. 이 공동주택에는 화장실이 딸린 방도 있었겠지만, 그런 호사를 누릴 수 있는 가족은 많지 않았다. 많은 거주자들은 건물당 하나 혹은 층별로 하나씩 있는 공동 화장실을 이용해야 했다.

사진사가 등지고 선 벽면에는 뭐가 있었을까? 특별히 운이 좋은 가족이었다면 창문이 있었겠지만, 십중팔구 꽉 막힌 석회벽에 몇 가지 간이 도구들이 쌓여 있었을 것이다. 창문이 있다 해도 큰길을 향해 났을 가능성은 극히 희박하고, 보통은 어둡고 냄새 나는 뒷골목 쪽으로 나 있었을 것이다. 당시 대도시 뒷골목은 쓰레기장이고 하수구이며, 위로는 빨래가 널리고, 먹고사느라 바쁜 어른들의 무관심으로 일찍 조숙해진 아이들이 서로 돌봐주며 시간을 보내는 놀이터이자, 소매치기나 매춘 기술을 익히는 학교였다.

19세기 말~20세기 초의 대도시는 우리가 지금 생각하는 그런 도시가 아니다. 지금이야 '도시' 하면 반듯하고 너른 길과 세련되고 멋진 건물, 지적이고 교양 있는 도시민들이 떠오르지만, 도시와 이런 이미지를 연결시키게 된 것은 그리 오래되지 않았다. 대도시가 처음 출현할 당시에는, 두려움과 공포가 뒤섞인 눈길로 근대 도시가 보이는 새로운 양상을 관찰하는 시각이 지배적이었다. 더 이상 앞날을 예측하기 어려운 거대하고 차가운 공간, 갑자기 너무 많은 사람들이 몰려들어 불편하고 비위생적인 환경, 알 수도 없고 믿을 수도 없는 이질적인 사람 무리, 눈 깜짝할 새에 코를 베어 가는 곳, 인간을 타락시키고 범죄를 키우는 무시무시하고 사악한 장소……. 도시는 그런 곳, 근대화가 만든 괴물이었다.

19세기가 저물어가던 무렵, 미국은 급속도로 변하고 있었다. 눈이 휙휙 돌아갈 지경이었다. 그리고 이 변화의 중심에 도시가 있었다. 지금 만일 1880년이나 1890년의 뉴욕 혹은 시카고의 한복판에서 있다고 상상해보라. 그건 전혀 즐겁지 않은 경험이 될 것이다. 바삐 오가는 인파와 시끄러운 마차 소리, 공장 굴뚝에서 뿜어져 나오는 연기와 꼬불꼬불한 길거리, 쪽방 하숙집에서 창문 밖으로 쏟아 버리는 쓰레기와 오수 틈바구니에서 즐거움은커녕 현기증과 구역질을 느낄지도 모른다.

실제로 1880년대 10년 동안 미국에서 그 규모가 두 배로 늘어난 도시가 101곳이나 된다. 그도 그럴 것이, 1880~1910년대 사이에 미국 총인구의 약 15퍼센트에 달하는 수의 외국인이 미국으로 이주했다. 특히 미국의 3대 대도시로 손꼽히는 뉴욕, 시카고, 필라델피아에는 엄청난 비율의 외국 국적자들이 밀집되었다. 현대 미국은 바로 이때, 이들 대도시에서 만들어지고 있었다고 해도 과언이 아니다.

표 1_ 19세기 말~20세기 초 미국 대도시 인구와 외국인 비율[2]

센서스	지역	총 인구 수(명)	외국 출생자 비율(%)
	전국	62,622,250	14.8
	뉴욕	1,515,301	42.2
1890	시카고	1,099,850	41.0
	필라델피아	1,046,964	25.7

1900	전국	75,994,575	13.6
	뉴욕	3,437,202	37.0
	시카고	1,698,575	34.6
	필라델피아	1,293,697	22.8
1910	전국	91,972,266	14.7
	뉴욕	4,766,883	40.8
	시카고	2,185,283	35.9
	필라델피아	1,549,008	24.8
1920	전국	105,710,620	13.2
	뉴욕	5,620,048	36.1
	시카고	2,701,705	29.9
	필라델피아	1,823,779	22.0

★★ "다른 절반은 어떻게 사는가?"

"도시는 용광로다!"

이른바 '시카고 학파'의 대부이자 사회학의 아버지로 추앙되는 로버트 파크Robert Park(1864~1944)는 이렇게 말했다. 체계적·분석적으로 도시라는 공간을 연구해야 한다고 맨 처음 주장한 사회과학의 선구 시카고 학파는, 급격한 산업화와 도시화가 초래하는 인

로버트 파크

미국사회학회장을 역임한 저명 사회학자로, 1920~30년대 도시사회학 분과의 발전을 주도한 시카고 학파의 주요 일원이었다.

파크는 도시에 대해 이렇게 말한 적이 있다.

"도시는 정신의 상태이며, 관습과 전통의 본체이며, 그 전통에 귀속된 조직화된 행동과 감정의 요체이다. 다시 말해서, 도시는 그저 물리적 메커니즘이나 인공적 조형물이 아니다."

간 생활의 변화에 관심이 컸다.

파크는 도시를 '용광로'라고 불렀다. 여러 가지 재료가 한데 뒤섞여 부글부글 끓고 있는 커다란 솥단지. 과연 미국 도시들에는 세계 각지에서 온 다른 인종과 민족 집단들이 서로 부대끼며 살고 있었다. 그들은 도시에서 만나 갈등하고 싸우고, 그러면서 미국인이라는 하나의 정체성 아래 다시 태어났다. 여러 금속이 용광로를 거쳐 더욱 강력한 합금으로 만들어지듯, 새로운 미국은 그렇게 도시에서 단련되어 탄생할 운명이었다! 하지만, 그러려면 그 전에 용광로의 뜨거운 불길 속에 한데 모여 끓는 과정을 거쳐야 한다.

그런데 19세기 말, 이 끓어오르고 있던 용광로 한복판에서 미국인들은 갑자기 '다른 절반'을 발견했다. 제이콥 리스의 사진책 『다른 절반은 어떻게 사는가_How The Other Half Lives_』(1890)는 당시 뉴욕 슬럼을 가득 채우고 있던 빈민의 삶을 조명한 르포르타주였다. 이 책의 서문에서 리스는 "세계의 절반은 다른 절반이 어떻게 사는지 모르고 있다."면서, 그 이유는 부유한 절반이 다른 절반의 참상에 무관심했기 때문이라고 지적했다. 유복한 시민의 무관심은 지주들의 탐욕과 무절제한 이기심에 패배했으며, 이로 인해 "세계 대도시 가운데 가장 젊은" 뉴욕에서도 빈민 문제가 대두했다는 것이 리스의 분석이었다.

"당신은 이 문제를 어떻게 할 것인가?" 노블리스 오블리제, 즉 지배층의 도덕적 의무를 상기시키는 이 질문을 던지며 리스는 일단 문제의 심각성을 파악해야 한다고 제언한다. 이것이 바로 그가 『다른 절반은 어떻게 사는가』를 낸 이유였다.

덴마크에서 태어난 제이콥 리스는 1870년 21세의 나이에 뉴욕으로 이민 왔다. 때마침 불경기에 휩싸인 뉴욕에서 그다지 순조롭지 않은 출발을 한 리스는, 임시직을 닥치는 대로 전전하며 3년 이상 거의 길바닥에서 지낸 끝에 마침내 언론계에 자리잡았다. 《이브닝 선》지에 잠시 있다가, 1877년부터 《뉴욕 트리뷴》에서 일하게 된 리스는 자신이 잘 알고, 익히 경험한 뉴욕의 뒷골목 풍경을 집중적으로 기사화하기 시작했다. 벌이가 끊기고 밤을 보낼 곳이 없던 시절, 그가 자주 신세졌던 경찰서 숙박소와 막다른 골목의 판자더미 밑……. 거기엔 대도시의 으리으리하고 화려한 성장의 어두운 그림자가 드리워져 있었다. 리스는 이 사실을 미국인에게 알리고 싶었다.

뉴욕 슬럼에 자리한 공동주택의 단칸방들은 어두침침하고 통기도 안 되어, 도저히 사람이 살 만한 곳이라고 하기 어려웠다. 가뜩이나 영양 상태도 좋지 않은 이민 가족들에게 이곳은 그야말로 전염병을 키우는 온상이었다. 임대료는 또 얼마나 비싼지! 비싼 임대료 때문에 대부분 두세 가족이 한 방에 끼어 살았고, 그 와중에 더부살이할 하숙생까지 들이기도 했다. 그러니 사진에 나오는 것과 같은 크기의 방에 12명에서 20명까지 동숙하는 일도 비일비재했다.

더 큰 문제는 어린이들이었다. 뒷골목 아이들은 열악한 환경에

'뒷골목 아이들'
제이콥 리스의 또 다른 사진이다.
추운 겨울 뒷골목 모퉁이에서 사내
아이 셋이 곤한 잠을 자고 있다. 짧
아진 바지와 맨발이 아이들의 비참
한 처지를 말해준다.

노출되어 있을 뿐만 아니라, 어른의 보호나 지도를 받지 못했다.
부모 없이 버려져 저들끼리 노숙하며 잠재적 범죄자 집단을 형성
하는 거리의 아이들, 이른바 '부랑아street arabs'만도 수천 명에 달
했다.

리스는 이렇게 눈앞에서 끔찍한 일들이 벌어지는데, 사회가 아
무런 대책도 마련하지 않는다니 믿을 수 없는 일이라고 생각했다.
사람들은 대도시 문제에 무지했고, 굳이 알려고 하지도 않았다.
설령 안다 해도 애써 모른 척했다. 리스가 생각하기에, 이 같은 시
민의 무관심과 교육의 부재야말로 대도시 문제를 일으키는 주범
이었다. 이런 실상을 알리고 해결책을 모색한다면 상황을 개선시
킬 수 있지 않을까.

리스가 발로 뛰어 엮어낸 책 『다른 절반은 어떻게 사는가』는 실
로 엄청난 반응을 불러일으켰다. 이 책을 읽은 교양 있는 미국인이
라면 누구나 뉴욕 뒷골목 공동주택이나 난개발된 골목의 열악함에

경악을 금치 못했다. 사진 저널리즘의 효시라고까지 불리는 리스의 사진들은 그만큼 당시 미국인들에게 강력한 인상을 주었다. 리스의 슬럼 개선 의지에 큰 영향을 받은 사람들 가운데에는 시오도어 루스벨트Theodore Roosevelt(1858~1919)가 있었다. 혁신주의 개혁의 대표 주자이자, 미연방의 26대 대통령이 되는 루스벨트가 가장 먼저 관심을 가진 분야가 바로 시정 개혁과 슬럼 개선 문제였다는 사실은 제이콥 리스와 그가 맺은 친분과 무관하지 않다.

1895년 뉴욕 시 경찰청장에 당선된 루스벨트는 리스와 함께 시 구석구석을 야간에 순찰했다. 리스는 루스벨트에게 뉴욕 슬럼의 심장부를 보여주었다. 경찰서 숙박소와 임대주택 시설, 고한제苦汗制(sweating system, 산업혁명 이후 등장한 극단적 저임금과 장시간 노동 등 가혹한 노동 조건) 작업장들을 둘러본 루스벨트는 리스의 문제의식을 깊이 공유하게 되었고, 이 문제를 해결하겠다고 결심했다.

루스벨트는 우선 근로 환경이 가장 열악한 고한제 엽궐련 공장 100군데를 폐쇄하고, 이듬해에는 경찰서 숙박소를 없앴다. 곧이어 시 공공보건소 직원들을 파견하여 임대주택의 위생 실태를 살펴보게 했다. 이들은 특히 환경이 열악한 몇몇 임대주택을 철거했

시어도어 루스벨트

루스벨트는 후일 '기업연합 파괴자trust buster'로 불리게 된다. 혁신주의자로서 그의 경력은, 뉴욕 시 경찰청장 시절에 벌인 슬럼개선운동에서 시작되었다. 그는 또한 혁신주의적 세계관을 품고 식민지 건설에 앞장선 대표적 제국주의자 대통령이기도 하다.

다. 이 과정에서 건물주에게 최소한의 의무를 부여하는 법을 만들어야 한다는 공감대가 형성됐다. 수많은 개혁가 및 자선단체들이 리스의 보도에 감화받아 주거개선운동에 참여했다. 그리하여 마침내 1901년, 공동주택의 위생과 안전 규정을 최초로 성문화한 〈뉴욕 공동주택법Tenement House Act of 1901〉이 탄생했다.

★☆ 〈뉴욕 공동주택법〉에 감춰진 '절반'의 진실

여기서 개혁을 논하기 전에 짚고 넘어가야 할 점이 있다. 왜 하필 이때 개혁이 시대의 화두로 떠올랐을까? 다시 말해, 이 시기 개혁의 역사적 의미와 맥락은 무엇인가?

이런 질문을 던지는 이유는, 가난은 늘 존재했기 때문이다. 빈민과 떠돌이는 중세에도, 미국 식민지 시대에도 존재했다. 더군다나 미국은 언제나 이민의 나라였고, 다른 어느 국가보다도 유동적인 사회였다. 그런데 왜 19세기 말 미국인들은 도시를 가득 메운 이민자들을 낯설어하며 갑자기 가난을, 그리고 빈민을 '발견'했을까?

물론 가장 근본적인 이유는, 앞에서 언급한 대도시의 급성장과 그로 인해 발생한 문제의 심각성이다. 미국 역사상 이렇듯 큰 규모로 복잡하게 발전한 도시가 존재한 적이 없었다. 게다가 앞서 표에서 확인했듯, 당시 미국 도시 인구의 '이질성'은 보통 수준을 넘어섰다.

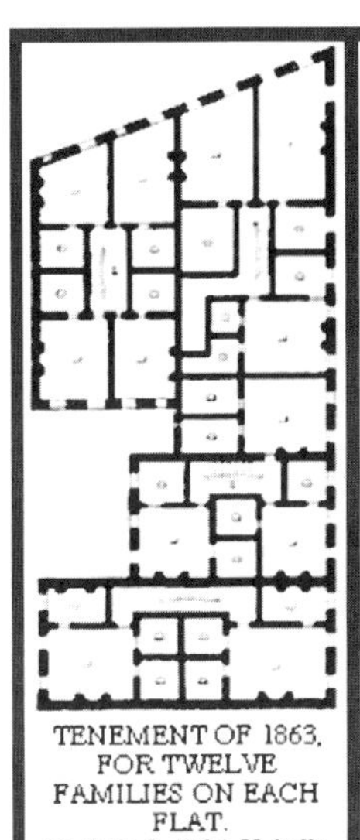

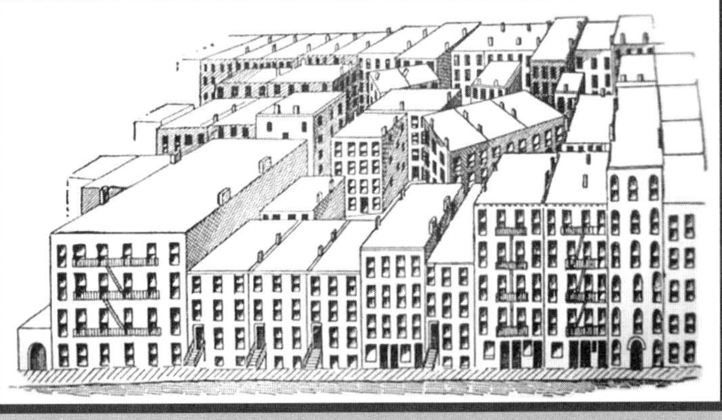

뉴욕 공동주택의 평면도(왼쪽)와 공중에서 본 슬럼가 모습(오른쪽)
당시 공동주택은 미로와도 같은 단칸방들로 되어 있었다. 방과 건물들이 다닥다닥 붙은 모습에서 열악한 주거 환경을 짐작할 수 있다.

외국에서 태어난 사람들이 도시 전체 인구의 4분의 1에서 3분의 1을 차지한다는 것은 엄청난 문화의 혼종을 의미한다. 이들이 한꺼번에 쏟아내는 다른 언어와 이질적인 차림새, 독특한 문화 및 생활 습관은 도시를 급격하게 변화시키기에 충분했을 것이다. 갑작스런 '발견'은 바로 이러한 변화와 이질적 요소의 범람을 경계하는 방어적 측면이 있었다. 다시 말해, 19세기 말 미국인이 발견한 도시의 가난과 빈민은 곧 이민에서 말미암은 문제였다. 도시 문제는 바로 이민 문제였던 것이다.

그러나 미국에 쏟아져 들어온 이민자 무리와 그들의 열악한 주거 환경만이 미국인들을 빈민 문제에 눈뜨게 했던 것은 아니다. 이 발견을 이끈 제이콥 리스는 본인이 덴마크 이민자이면서 이민자 빈민들을 일컬어 '다른 절반'이라고 불렀다. 리스를 유명하게 만든 책의 제목('다른 절반은 어떻게 사는가?')은 필연적으로 뉴욕의 거주민을 '우리'와 '나머지 절반'으로 나누는 이분법적 사고를 바탕에 깔고 있다. 그렇다면 그가 말하는 우리는 누구이고, 우리가 아닌 다른 절반은 누구인가? 경찰서 숙박소를 전전하던 리스가 불과 3년 만에 절반이 아닌 우리가 되어, 절반과 우리를 가르고 있는 이 구분의 기준은 무엇일까?

리스와 루스벨트를 비롯한 개혁가들이 시도한 '슬럼개선운동'의 진정성에 의문을 제기하는 것은 아니다. 그들의 관심과 열정이 공동주택 거주자들에게 가져다준 혜택 역시 의심의 여지가 없다. 그러나 리스의 사진책을 자세히 들여다보면, 사진에서 인종적·민족적 우월감이 묻어나는 것을 느낄 수 있다. 도시 빈민에 대한 동정적 시각이 느껴지는 사진에 가려져 덜 중요하게 취급되는 그의 글 곳곳에서 특정 인종과 민족 집단에 대한 편견이 발견되기 때문이다. 실제로 이 우월감은 슬럼개선운동에 꽤 강한 추진력을 제공한다.

우선, 리스는 유대인들의 특성에 주목한다. 그리고 탐욕스럽고 째째한 유대인의 본질적 특성이 뉴욕의 열악한 생활 환경을 조성하는 원인이 된다고 결론짓는다.

돈은 그들의 하나님이다. 아무리 빈곤한 은행 계좌라도 인생 그 자체보다 높은 가치가 있다. …… 보잘것없는 돈을 모으려고 밤낮으로 일하면서 탈진 상태까지 굶는 폴란드 또는 러시아 출신 유대인을 수도

없이 봤다.(86쪽)

리스의 묘사대로라면, 유대인은 꼭 가난하지 않더라도 타고난 욕심 때문에 빈곤한 생활을 하는 인종이다. 여기서 한 발 더 나아가, 리스는 이런 본성 때문에 유대인이 집주인이 되면 아주 극악무도한 방식으로 세입자를 괴롭힌다고 했다. 유대인 주인은 너무 인색하여 주거 환경을 개선하는 데 투자하지 않고, 그로 인해 세입자는 더럽고 위험한 환경에 노출된다는 것이 리스의 결론이었다.

뉴욕에 이주한 켈트족(주로 스코틀랜드와 아일랜드인) 역시 리스의 눈에는 일종의 사회악으로 비쳐졌다.

공동주택 중에서도 가장 열악한 환경은, 더 나쁜 켈트의 본성과 어떤 특별한 친화력이 있는 것 같다. 그들의 가장 두드러진 본성을 범죄로 물들이고, 가장 빠르고도 샅샅이 타락시키니 말이다.(187쪽)

한 마디로, 아일랜드나 스코틀랜드 출신 이민자들의 타고난 범죄적 속성이 뉴욕 빈민가를 범죄 소굴로 만들고 있다는 얘기다.

그러나 『다른 절반은 어떻게 사는가』에서 가장 기이하고도 사악하게 그려진 민족 집단은 중국인이었다. 당시 차이나타운은 대표적인 빈민가일 뿐 아니라, 가장 비위생적이고 범죄 발생률이 높은 구역으로 악명 높았다. 리스의 책에 그려진 중국인들은 도무지 장점이라고는 찾아볼 수 없는 문제적 인간들이었다.

중국인은 백인들이 담배를 피우듯 아편을 피운다. …… 그러나 (자신들보다) 그 무자비한 약의 마수가 미치는 백인 희생양에게 (더) 피해를 끼친다.(79쪽)

중국의 사회적·정치적 존재를 만드는 것은 끊임없는 음모와 반음모의 흐름이다.(82쪽)

즉, 중국인은 너나없이 마약과 범죄에 물들어 있고 항상 음모를 획책하는 민족이며, 아시아에서도 그런 방식으로 산다는 얘기다. 문제는 이러한 특성들을 멀리 미국 도시에까지 가지고 와서 악영향을 끼친다는 점이다.

뿐만 아니라, 중국인은 백인 여성을 탐하는 음흉한 사람들로, 거의 고의적으로 백인 부인을 맞아들인다고 여겨졌다.

중국인 상인 가운데 같은 인종을 부인으로 데리고 사는 사람은 아주 극소수이다. …… 차이나타운의 "마누라"들은 가까운 곳에 사는 다른 인종이다.(79쪽)

게다가 중국인들은 가족을 부양하지 않고 내버리거나, 부인을 상습적으로 구타하는 등의 반인륜적 행위를 일삼는다.(80, 82쪽) 이런 이유로 리스는 중국인을 "사회 위협"이라고까지 표현한 뒤, 이렇게 결론 내린다.

중국인들은 전혀 필요없는 인구이며, 다른 시대 다른 곳에서는 뭘 했는지 모르겠지만 여기서는 아무런 유용한 목적에도 기여하지 못한다는 것은 확인된 사실이다.(83쪽)

이런 혹평에 비한다면, 흑인에 대한 평가는 비록 편견에 차 있지만 긍정적이다.

깜둥이들은 가난, 학대, 불공평을 모두 침착하고 상냥하게 받아들인다. …… 그 바보스런 부조화스러움, 호색과 도덕적 책임감의 결여, 미신적 특성과 다른 결함들은 본성과 노예제의 결과이지만, 큰 장점도 있다. 깜둥이들은 철저히 충성스럽고, 미국인이라는 사실과 새로 발견한 시민권을 자랑스러워한다.(118쪽)

흑인은 지능이나 책임감, 도덕 등이 부족한 것이 사실이지만, 전복적으로 행동할 우려는 없다. 그러므로 흑인은 암적인 존재라기보다는 사회적 향상social uplift을 통해 구제되어야 할 존재이다. 그들의 순종적인 장점을 살려 이용하면 수용 가능한 인구로 받아들일 만하다…….

도시 빈민을 바라보는 리스의 시각은 혁신주의 개혁이 내포한 엘리트주의적 성향을 단적으로 보여준다. 그럼 이러한 리스의 관점이 그가 주도한 슬럼개선운동에 어떤 식으로 반영되었을까?

가장 두드러지는 점은, 도시 빈민을 일종의 '문젯거리'로 인식했

'이민자들의 단칸방'

한 자리당 5센트를 내면 하룻밤 묵을 수 있었던 하숙방 풍경.
이민자들에게는 단칸방조차 사치였다. 제이콥 리스의 사진.

다는 것이다. 리스는 열악한 환경에서 생활하는 도시 빈민들에게 무한한 동정심을 느꼈으나, 그것은 일종의 인종적 우월감에서 비롯된 감정이었다. 동등한 인간으로서 마땅히 누려야 할 생존권 차원이 아니라, 사회 지도층으로서 열등한 소수 집단을 내려다볼 때 느끼는 책임감이 리스의 글에는 담겨 있다.

둘째로, 리스는 환경결정론과 인종주의를 미묘하게 혼합한 시각으로 도시 문제를 바라보았다. 슬럼 환경 개선이 중요하다는 그의 인식은, 환경이 인간에 미치는 영향의 중요성을 확신하고 있다는 뜻이다. 동시에 그의 서술 곳곳에 나타나는 인종적·민족적 편견들은 그가 슬럼가의 빈곤과 범죄 문제 등을 사회 구조의 문제라기보다는, 각 개인의 타고난 기질 문제로 인식했음을 보여준다. 이 논리대로라면 환경 개선만으로는 문제가 해결되지 않는다는 결론에 도달하게 된다. 리스 역시 이 점을 알았다. 그렇다면?

바로 여기서 슬럼개선운동 같은 도시개혁운동이 강압적·권위주의적으로 전개될 가능성을 점쳐볼 수 있다. 어디까지나 뉴욕 거주 백인 상류층의 시각을 대변하는 리스의 관점은, 타자를 인식하고 구분 짓는 것을 그 출발점으로 삼고 있다. 그런데 타자 분류의 기준이 타고난 선천적 특성, 그중에서도 열등성을 기초로 한다면 그 해결책 역시 이런 인식에서 크게 벗어나기 어렵다. 별다른 대안 없이 무조건 슬럼을 없애기만 한다고 해서 슬럼 문제가 해결되는가? 리스와 루스벨트가 보기에는 더럽고 비위생적인 부정부패의 온실이었겠지만, 빈민들에게 슬럼은 어찌할 수 없는 생활 터전이었기 때문이다. 슬럼개선운동의 방향이 실제 도시 빈민들의 삶과 어긋나기 시작한 지점이다.

★★ 상류층 여성이 주도한 '세틀먼트하우스 운동'

리스가 뉴욕의 슬럼을 상대로 '전쟁'을 선포한 즈음, 다른 미국 대도시들에서도 도시 빈민과 이민 문제를 개선해보려는 또 다른 방식의 해결책이 모색되었다. 이른바 '세틀먼트하우스Settlement House'라 불린 이 운동은 시카고를 시작으로 뉴욕과 필라델피아 등지에서 비슷한 시기에 활발히 진행되었다.

이 운동은 원래 1884년 영국 런던에서 시작되었다. 산업혁명 이후 마찬가지로 빈곤 문제에 직면한 런던에서, 대학생들이 중심이 되어 학교 인근 지역의 빈민들을 상대로 봉사 활동을 추진했던 것이 세틀먼트하우스의 시초였다. 대학생들은 주변 빈민들의 교육을 비롯하여 문화 및 스포츠 활동, 생활 정착을 돕고 서로 협조 관계를 만들어가는 계기를 마련했다. 다른 많은 사회 개혁이 그러했듯, 세틀먼트하우스는 곧 미국에 수입되었다. 다만 영국에서는 대학생 중심의 활동이었던 것이, 미국에서는 주로 여성 개혁가들이 주도하는 운동으로 탈바꿈했다.

미국 최초의 세틀먼트하우스이자 가장 유명세를 탄 곳은 시카고의 '헐하우스Hull House'였다. 1890년에 필라델피아를 제치고 미국에서 두 번째로 인구가 많은 도시로 떠오른 시카고는, 불과 50년 전까지만 해도 미국 내 인구 순위 92위에 불과한 중부 지역의 작은 도시였다. 그러던 것이 1850년에는 24위로 껑충 뛰어올랐고, 10년 후인 1860년에는 9위, 1870년 5위를 거쳐, 마침내 1890년 2위로 급성장한 것이다.(시카고는 1990년 LA에 밀리기 전까지 약 100년 동안 미국 제2의 도시로 군림했다.)[3] 이와 같은 빠른 성장의 배경에는 각종 유통·가공 산업의 발전 및 이민과 남부 흑인의 유입 등이 있었다. 앞의 표에서 보았듯, 19세기 말 시카고의 외국 출생 인구 비율은 40퍼센트대를 유지할 정도로 상당히 높았다. 산업과 인구의 급성장 탓에 시카고의 거주 및 작업 환경 역시 그만큼 급속도로 악화되고 있었다.

헐하우스의 창시자는 제인 애덤스Jane Addams(1860~1935)와 엘렌 게이츠 스타Ellen Gates Starr(1859~1940)로, 둘은 친구 사이였다. 두 사람은 부유한 가정 출신으로 대학 교육까지 받았지만, 당시 사회 분위기는 고학력 여성들에게 마땅한 전문직 선택의 기회를 제공하지 못했다. 실망하며 유럽 여행 길에 올랐던 제인 애덤스는, 마침 런던에서 활발하게 진행 중이던 세틀먼트하우스 운동을 접하게 되었다. 도시 빈민을 돌보고 교육시키는 이 운동의 성격을, 전통적으로 여성의 영역으로 분류되던 가정의 기능을 사회로 확대시킨 형태(일종의 '사회적 가정관리social housekeeping')라고 파악한 애덤스는 이를 직접 미국에 도입하기로 결심했다. 전통적 여성의 임무에서 벗어난 것이 아니기 때문에 미국에서도 받아들여질 수 있을 것이라 판단했던 것이다.

제인 애덤스의 판단은 전적으로 옳았다. 애덤스는 1889년 사재를 털고 친구들의 도움을 보태어 시카고 할스테드 가에 위치한 저택을 사들인 뒤 '헐하우스'라 명명했다. 이탈리아·아일랜드·독일·보헤미아(체코 서부 지역) 이민들과 러시아·폴란드 출신 유대계 이민들의 집단 주거지 한복판에 자리잡은 헐하우스는, 미국 세틀먼트하우스 운동의 시발점이자 관련 사회개혁운동의 선구적 역할을 담당했다. 개관 후 1935년 사망할 때까지 애덤스는 이곳에 거주하며 다방면의 사회개혁운동과 저술·강연 활동을 벌였다.

헐하우스는 주변 지역 13개 건물과 시설물을 포함하는 거대 조직으로 성장했고, 애덤스 주변에 모인 여성 동지들은 이민과 빈민의 도시 정착을 돕는 교육자이자 사회활동가로, 더 나아가 관련 분야 연구 및 행정직으로까지 진출하기에 이르렀다.[4](미국 사회개혁가 가운데에서도 특히 존경받는 제인 애덤스의 활동에 대해서는 더 연구할 여지가 많다. 애덤스는 세틀먼트하우스 운동과 여성운동의 선구자일 뿐 아니라, 노동과 외교 분야에서도 활발히 활동한 진정한 자유주의 사회개혁가의 표상이다. 그녀가 이처럼 사회운동 전반에 영향력을 행사하는 인물로 성장한 것은 바로 헐하우스 덕

제인 애덤스(왼쪽)와 엘렌 게이츠(오른쪽)

여성에게 참정권조차 없던 시절, 시회복지 분야를 여성의 활동 영역으로 구축한 선구자들이다.
헐하우스는 슬럼 개혁, 세틀먼트하우스 운동에서 시작하여 아동복지, 사회교육 등까지 진출한 여성 혁신주의자들의 본산이었다.

개혁가들의 활동 모습

헐하우스 식당에서 남녀 개혁가들이 모여 논의하고 있다.(왼쪽)

할스테드 가를 활보하는 여성 개혁가들과 남성 동료들. 이들을 바라보는 빈민가 사람들의 모습이 흥미롭다.(오른쪽)

분이었다. 우선 빈민과 도시 환경 돌보기가 전통적인 여성의 역할, 즉 '사회적 가정관리'라고 주장하여 독보적인 활동 영역을 확보하고, 이와 관련한 분야에서 전문 인력 양성과 기술 전수 책임을 자임하여 그 영역을 확장시켜나갔다.)

뉴욕과 시카고에서 이러한 사회운동이 활성화되고 있던 시기에, 필라델피아에서도 사회적인 슬럼화 대응책들이 논의되고 실천되기 시작했다. 필라델피아를 대표하는 유지 가문의 상속녀이자 부유한 퀘이커교도인 수전 와튼Susan Wharton은 시내에서노 가장 가난한 구역인 제7선거구에서 유럽식 선례를 본뜬 세틀먼트하우스 운동을 벌였다. 와튼은 특히 남부에서 이주한 흑인 및 유럽에서 새로 입국하는 이민들의 정착과 도시 환경 적응을 돕는 교육·홍보 활동 등 다양한 사회봉사를 목표로 삼았다.

와튼의 활동은 1896년 '옥타비아힐 연합Octavia Hill Association'의 결성으로 이어졌다. 유명한 런던 세틀먼트하우스를 시작한 개혁가

옥타비아힐의 이름을 붙인 이 개혁 조직은, 필라델피아 도시 개혁의 역사를 새롭게 쓰는 존재로 성장한다. 그 중심에 와튼의 사촌인 한나 폭스Hannah Fox와 그 친구인 헬렌 패리쉬Helen Parrish가 있었다. 두 사람은 세틀먼트하우스를 중심으로 한 봉사 활동을 빈민 주거 문제로 국한시켜 체계화해보기로 결심했다. 그래서 우선 한나 폭스가 소유하고 있던 건물 두 채를 임대주택으로 개조했다. 그리고 이 주택을 원하는 가난한 가족들에게 낮은 집세에 임대해주는 이른바 '친절한 집주인friendly landlord'이 되었다.

옥타비아힐 연합이 필라델피아에서 벌인 활동은, 시카고에서 애덤스가 벌인 운동과 뉴욕의 리스가 가졌던 관심사를 결합시켰다는 점에서 중요한 의미가 있다. 우선 옥타비아힐은 시카고의 헐하우스와 유사하게 부유하고 교육 수준이 높은 독신 여성들의 연대를 바탕으로 했다. 이는 시대적 한계에 막혀 다른 전문 분야 진출이 좌절된 여성들이 사회복지 분야를 전문 영역화하는 경향이 시카고뿐만 아니라 미국의 다른 도시에서도 동시에 나타나고 있었음을 의미한다. 어느 도시에서나 여성이 세틀먼트하우스를 주도하는 경향을 보였고, 여기에 남성들도 불만이 없었다.

한편 옥타비아힐 연합은 공동주택 임대업에 직접 뛰어들어 슬럼 지역의 비위생적인 주거 환경 문제를 정면으로 건드렸다는 점에서, 리스가 시작한 슬럼개선운동에 하나의 방향성을 제시했다고 평가받는다. 슬럼 환경 개선을 위해 청소를 하고 위생 규정을 만드는 것도 방법이지만, 공동주택의 환경 자체를 바꾸는 것이야말로 더 직접적인 개선책일 수 있었다. 옥타비아힐이 바로 그런 활동을 시작한 것이다. 두 채의 공동주택으로 시작한 사업은 1899년에는 17채로 늘어났고, 1916년 무렵에는 무려 400가구 이상이 '옥타비아 주택'에 거주하게 되었다.

옥타비아 주택의 특징은 무상으로 제공되는 비영리 자선사업이 아니라, 소액이지만 수익을 내는 사업으로 계획되었다는 것이다. 폭스와 패리쉬는 다른 임대주택에 비해 임대료는 싸지만 주거 환경은 더 나은 방을 가난한 가정에 내주었다. 이로써 이들은 좋은 환경이 가난한 이민 가정에 긍정적인 영향을 미친다는 점 외에도, 주택 임대업자들이 욕심만 내지 않는다면 이윤은 좀 적어도 어쨌거나 공동주택 임대업을 할 수 있다는 사실을 입증하고자 했다. 다시 말해, 옥타비아힐 주택들은 이러한 저이윤 사업의 가능성을 타진하는 일종의 시험 무대였던 것이다. 폭스와 패리쉬는 이 사회적 실험에 동참할 뜻있는 시민들의 투자를 이끌어내고자, 연 4~5퍼센트의 이윤을 목표로 책정하고 투자 홍보에 나섰다.

여기서 짚어봐야 할 점은, 폭스와 패리쉬가 왜 옥타비아힐 수택을 자선사업이 아닌 영리사업으로 추진했는가 하는 점이다. 옥타비아힐 연합은 기부금으로 운영되기 때문에 반드시 임대사업을 할 이유는 없었다. 개혁가들이 임대업에 손댄다는 것은 오히려 봉사 활동 목적에 위배될 수 있었다. 그런데 그들은 주택 사업이 소규모이지만 이윤을 낸다는 점을 자랑스럽게 적고 있다. 이것이 '자선사업'이 아닌 '영리사업'임을 강조하며 다른 사람들의 참여를 부추겼다.

여기에는 지나치게 관대한 자선사업은 빈민을 도리어 게으르게 만든다는 논리가 자리잡고 있다. 이 논리에 따르면, 산업사회에서 노동시장에 필요한 인력을 확보하려면 사람들이 자선이나 복지제도에만 기대어 살도록 만들어서는 곤란하다. 때문에 복지 혜택과 관련해서는 항상 세 가지 원칙이 지켜져야 했다.

첫째, 무상 원조는 반드시 최저 임금보다 낮아야 한다. 둘째, 지나치게 쉽게 수혜받을 수 있도록 해서는 안 된다. 셋째, 각종 원조는 기본적으로 위급 상황에서나 이용할 만한 일시적 도움이어야 한다.

이런 논리는 결과적으로 수혜자나 시혜자들이 모두 자선이나 복지 혜택을 받는다는 사실을 부정적으로 인식하게 만들었다. 구호기관의 구호 대상이 되는 것은 노동시장과 사회 전반에 부담을 주는 부끄러운 일이 되었다. 그 결과, 미국에서 자선사업이나 복지제도의 혜택을 받는 사람들은 어쩔 수 없는 게으름뱅이나 무능력자라는 낙인이 찍히고 말았다. 가난이 사회적 구조의 문제라기보다는 빈민 개인의 문제라는 인식을 바탕으로 한 자선과 복지 활동이 낳은 사회적 편견이었다.

옥타비아힐의 여성 개혁가들이 빈민을 위해 일생을 바쳤다는 점에는 이견이 없지만, 그들 역시 빈민에 대한 편협한 엘리트주의를 때때로 드러냈다. 그래서 옥타비아힐 주택에 거주하는 가난한 이민 가족들은 저렴하고 위생적인 주거 공간을 제공받는 대신, 엄격한 규율을 감수해야 했다. 개혁가들이 보기에, 주거 환경은 결

공동주택 뒷면(왼쪽)과 옥타비아힐 주택(오른쪽)
난개발된 공동주택의 위생 상태가 좋을 리 없었다. 반면 옥타비아힐은 일반적인 공동주택보다 훨씬 나은 주거 환경을 제공했다. 그러나 영리사업으로 추진된 결과, 지금 옥타비아힐은 그저 그런 부동산으로 남았다.

국 문명화와 교육의 문제였기 때문이다.

개혁가들의 생각대로 이민 가족들이 더 높은 수준의 생활을 하려면, 다른 무엇보다도 이민 가족들 스스로 생활 방식을 바꿔나가야 했다. 이 기준에 따라 이민자들의 특정 생활 방식은 거부되고, 새로운 습관들이 학습 혹은 강조되었다. 특히 일부 이민자들의 음주 문화는 철저히 비난받고 엄격하게 금지되었다. 자녀 양육이나 질병 치료도 이민 집단들이 본래 가져온 전통적인 방식은 미국 중산층 엘리트 여성들의 방식을 따라 바뀌어야 했다. 그중에서도 '미개'하고 '비위생적인' 민간 치료법들은 문명의 이름으로 거부되기 일쑤였다.[5]

이것이 바로 옥타비아힐 연합이 지향하는 '사회적·도덕적 향상social·moral uplifting'의 실체이자, 백인 엘리트 중심 사고가 지닌 단면이었다. 옥타비아힐 연합이 진화 발전한 '필라델피아 주거

연합Philadelphia Housing Association'이 1916~1917년에 작성한 빈민 가정 보고서는, 바로 이와 같은 개혁의 인종적·계급적 편견을 잘 보여준다.

이 보고서들은 일부 흑인 가정의 열악한 환경이 하숙과 부모의 맞벌이에서 비롯된다고 보았다. 하숙생이 함께 거주하는 것은 건전한 부부 생활이나 가족의 사생활, 전반적 위생 문제 등에 악영향을 미친다는 것이 개혁가들의 소견이었다. 여성이 집 밖에서 일하는 것 역시 남성 가장 중심 체제에 역행하고, 자녀 양육을 등한시하는 부정적 제도로 분석되었다. 보고서는 "안정되고 건전한 가정 생활을 위험에 몰아넣는 대가치고는 너무 보잘것없는" 하숙이나 여성 취업은 금지시키는 것이 바람직하다고 결론 내렸다.[6]

그러나 이는 흑인 가정의 실상을 전혀 고려하지 않은 결론이었다. 하숙이나 여성 취업으로 벌어들이는 하찮은 수입이 그 빈민 가정의 생계에 반드시 필요한 경우가 많았기 때문이다. 이민 가장의 임금은 부족하기 마련이었고, 또 고용 자체가 불안정하거나 비정규직인 경우가 많았다. 이때 하숙을 들이는 일은, 비록 많지는 않더라도 별도의 투자 없이 고정 수입을 보장받을 수 있는 요긴한 방법이었다. 여성 취업 역시 가족의 생필품 구매나 비상금 비축의 원천이 될 수 있었다. 그런데 개혁가들은 이러한 상황에 대한 이해 없이, 빈민 가정에 꼭 필요한 수입원을 제거하자고 주장한 셈이었다.

나아가 폭스와 패리쉬는 자신들이 내건 규칙이 잘 지켜지는지 확인하고자 관리인을 파견했다. 빈민 가족을 대상으로 끊임없이

교육하는 한편, 확인을 하지 않
으면 규칙이 지켜지지 않는다는
생각 탓이었다. 즉, 주거 관리 문
제를 주민 자율에 맡겨두지 않
고 감시와 규율로써 감독하는
것을 원칙으로 했던 것이다.

그래서 때로는 본인들이 직접,
때로는 동료 여성 개혁가들이
연합 소유의 주택들을 순찰하며
누가 낮에 술을 마시고 있지는
않은지, 일요일인데 교회에 가지
않고 집에 남아 있는 사람은 없

'은밀한 감시자'
옥타비아힐의 여성 관리인이 주민의 방을 엿
보고 있다. 이 여성의 행동을 무심히 지켜보는
슬럼가 아이들의 모습이 흥미롭다.

는지 살폈다. 옥타비아의 보관 문서 가운데에는 (승마용) 더비 모
자에 세련된 드레스를 차려입은 상류층 여성이 빈민가 공동주택
바깥에서 창문으로 안을 들여다보는 사진이 있다. '친절한 집주인'
이 '은밀한 감시자'로 탈바꿈하는 순간이 포착된 것이다.

사실 개혁가들의 우려가 전혀 근거 없는 것은 아니었다. 당시
옥타비아힐 주택에 거주하던 빈민들은 실제로 규칙을 종종 어겼
던 것 같다. "아, 그들을 구원할 방법을 알 수만 있다면!" 자신들
의 지도가 받아들여지지 않고 빈민들이 규정을 위반하는 모습을
목격한 패리쉬는 이렇게 일기장에 적었다.[7] 도대체 빈민들은 왜
개혁가들이 정해놓은 규칙을 지키지 않았을까? 개혁가들이 가르

치는 내용을 이해하지 못했던 것일까? 백인 여성들의 간섭을 도시 빈민 가족들은 어떻게 받아들였을까?

옥타비아힐 주택에 살았던 빈민들이 무슨 생각을 했는지는 알 수 없으나, 비슷한 시기 보스턴 시내에서 개혁가들이 상대한 빈민 가정들의 기록은 남아 있다. 주로 빈민 가정의 불량 청소년을 교육하는 일에 집중했던 이 개혁가들 역시 자신들의 물질적 지원은 적극 수용하면서도 정작 사회적·문화적 적응에는 무관심한 빈민들과 맞닥뜨렸다. 생활 습관의 '교정'을 거부하는 이 빈민들의 의도는 명확했다. 개혁이 제공하는 도움은 받되, 이념적 학습에는 저항하는 것이다. 이는 개혁가들의 처지에서 보면 일종의 배반이며 사기일 수 있지만, 빈민들로서는 삶을 유지하며 동시에 문화적 전통을 잃지 않는 전략이었다.[8]

제이콥 리스, 한나 폭스, 헬렌 패리시. 이들이 시대적·계급적 편견에서 자유롭지 않았다고 해서 그들을 탓할 수는 없다. 다만 이때 드러나기 시작한 엘리트 개혁가들과 개혁 대상 사이의 괴리가 미국의 개혁 전통에 결정적인 한계를 형성했다는 점은 애석하다. 19세기 말에 도시 개혁을 주도했던 세력의 후계자들은 이후 명맥을 유지했지만, 1940년대 이래 본격적으로 시작되는 임대자운동 등 저소득층의 자발적인 운동과 결합하지 못했다. 이렇게 된 데에는 개혁을 위로부터의 혁신으로 인식한 개혁가들과, 이와 반대로 아래로부터의 운동으로 학습한 대중 간의 인식 차이가 도사리고 있다.

★★ 흑인들이 다시 공화당으로 돌아간 까닭

개혁 주체가 개혁의 이름으로 인종적·계급적 우월감을 드러낼 때, 개혁 대상인 도시 빈민이 개혁을 등질 수 있다는 사실은 여러 가지 사례에서 드러난다. 1911년 필라델피아에서 혁신주의 개혁의 기치를 내건 진보적 성향의 개혁가 집단이 시 정부를 장악하는 데 성공했다. 개혁가 출신의 루돌프 블란켄버그Rudolf Blankenburg (1843~1918)가 부패의 대명사였던 필라델피아의 고질적 정경유착의 고리를 끊겠다는 공약을 내걸고 시장에 당선된 것이다.

사람들은 그의 정책이 각종 도시 문제를 해결하는 계기가 될 것이라 기대했다. 옥타비아힐 연합을 비롯한 전국의 개혁가들뿐 아니라, 슬럼 지역의 주민들까지도 블란켄버그가 자기들 편에 서 줄 것이라고 믿었다. 그러나 놀랍게도 그의 임기 동안 개혁 정부는 도시 하층민, 그중에서도 흑인들과 심각한 마찰을 빚었다. 심지어 이 갈등으로 인해 흑인들은 부패의 장본인인 공화당과 더욱 결탁하게 되었고, 1915년 선거에서 블란켄버그를 낙선시키는 데 결정적으로 기여했다.[9] 어떻게 이런 일이 벌어진 것일까?

루돌프 블란켄버그

네덜란드 출신 이민 1세대로, 미국에 정착하여 사업을 벌여 크게 성공했다. 그러다가 혁신주의 개혁에 앞장서며 정계에 입문했다. 그 추진력 때문에 '화란제 청소기'란 별명을 얻었다. 1911~1915년까지 필라델피아 시장으로 일했다.

당시 흑인들은 필라델피아 시내 슬럼의 주요 구성원으로서, 다른 유럽 이민들과 한데 섞여 시내 남쪽에 살았다. 이들은 모두 빈민가를 장악하고 있던 공화당 정치 보스들의 '머신machine 조직'들과 불가피한 의존적 관계를 맺고 있었다.

20세기 초만 해도 미국 도시의 행정을 이끌어간 집단은 지금과 같은 행정 전문가나 공무원들이 아니었다. 이민 집단별로 형성한 조직들이 있었고, 그들의 우두머리인 보스들이 정치인과 결탁하여 시정을 쥐락펴락했다. 새로 온 이민도 바로 이 머신 조직들이 관리했다.

머신의 보스들은 별 기반 없이 도시에 진입한 이들에게 일자리와 거주지 등 생존에 필요한 기본적 조건들을 제공했을 뿐 아니라, 신변의 안전도 어느 정도 보장해주었다. 보스 조직은 이들을 관리하며 필요한 정치력과 인력을 조달했고, 이를 바탕으로 시정市政을 좌지우지했다. 시 정부에 조직원을 진출시킨 뒤, 조직에 유리한 시 사업을 입안·추진하도록 압력을 가했다. 미국의 어느 시에서건 보스 조직은 시 예산을 수주받는 기업들을 소유한 경우가 많았는데, 필라델피아도 예외가 아니었다. 당시 필라델피아 정치의 거두는 공화당 보스 조직의 우두머리인 연방 상원의원 제임스 '써니 짐' 맥니콜James "Sunny Jim" McNichol과 그의 수하인 주 상원의원 에드윈 베레Edwin Vare였다. 이들 역시 주요 건설회사와 용역회사를 소유하고 있었다.[10]

이 시기 필라델피아는 부패도시의 대명사로 불릴 정도로 시정이 심각하게 썩어 있었다. 유명한 폭로작가 가운데 한 명인 링컨 스티 픈스Lincoln Steffens가 1903년 필라델피아를 방문하고 "미국 내에서 최악으로 통치되는 도시"라고 판정했을 정도였다. 스티픈스는 필 라델피아의 정경유착과 보스정치가 부패한 머신 정치의 표본을 보 여준다고 말했다. 여기에 덧붙여서, 필라델피아의 문제는 나태하고 수동적인 시민에게도 책임이 있다는 것이 스티픈스의 평가였다. 그에 따르면, 필라델피아 사람들은 "야심찬 개혁가보다는 아는 도 둑의 지배를 받는 편이 낫다."고 생각했고, 이러한 해이한 정신이 머신과 부패 정치를 더욱 부추기고 있었다.[11]

그런데 정부의 손길이 미치지 않는 빈민들의 생계를 책임지고 있던 조직이 바로 이 머신 조직들이었다. 선거구별로 편성되어 있 던 머신 조직들은 당대의 "유일한 복지제도"를 자처했다. 그 대가 로 빈민들이 지불해야 할 것은 충성이었다. 머신 조직에 대한 충 성. 그것은 주로 투표권 행사로 드러나는데, 조직의 보스가 후원하 는 후보에게 한 표를 던지는 일은 기본 중의 기본이었다. 그 외에 도 적재적소에서 조직에 도움이 될 만한 정보를 수집하거나, 심부 름을 해주는 활동 역시 보스가 요구하면 거절할 수 없었다. 비록 그것이 범죄 행위라도 나와 내 가족의 생존과 안녕을 위해 불가피 했다.

그렇기에 링컨 스티픈스를 비롯한 개혁가들 눈에는 빈민들이 보스 정치의 끄나풀이자 부패 정부의 일부로 보일 수밖에 없었다. 비빌 언덕이 없는 빈민들로서는 선택의 여지가 없는 일이었지만,

혁신주의자들은 이들 도시 하층민을 적대시하는 우를 범하고 만다. 20세기 초 필라델피아 시장이 된 블란켄버그 역시 이러한 오류에 빠지고 말았다.

취임 초, 블란켄버그는 개혁 의지를 과시하고자 무법천지 시가지에 '전쟁'을 선포했다. 그가 맨 처음 한 일은 빈민가 선술집이나 여관의 불법 영업을 대대적으로 단속하는 것이었다. 당시 술집이나 여관은 해당 선거구의 각종 정치 활동이 계획되고 거래되는 장소로, 보스들의 주요 활동 근거지였다. 블란켄버그가 취임 후 첫 사업으로 이곳을 정리하려고 나선 것도 보스들을 처단하겠다는 의도에서였다. 하지만 도박과 음주·매춘·폭력에 찌든 이 악의 소굴은, 다른 한편으로 수많은 이민자와 흑인들의 생활에 없어서는 안 될 중요한 공간이었다. 이들에게 술집과 여관은 유일한 생계 수단이자 긴요한 은신처가 되기도 하고, 일상적인 모임을 갖는 꼭 필요한 장소였던 것이다.

그러므로 블란켄버그의 명령으로 대대적 단속이 벌어졌을 때 가장 치명적인 피해를 입은 이들은 이리저리 빠져나갈 능력이 있는 보스들이 아니라, 이 공간에 의지하여 근근히 생활하던 빈민들이었다. 그 타격이 얼마나 컸던지 흑인 일간지 《필라델피아 트리뷴Philadelphia Tribune》은 블란켄버그 시장이 "합법적이든 불법적이든 흑인들이 생계를 꾸려나가는 것에 유감이 있는 것처럼" 보인다고 불평했을 정도이다.[12]

이상理想에만 충실하고 현실적인 대안이 없는 개혁 정책은 오

전형적인 슬럼가 모습
20세기 초 미국 대도시의 슬럼가 풍경
이 이러했다. 이들은 이민 집단별로 거
주지 군락을 형성하여, 해당 머신 조직
의 관리와 보호를 받았다.

히려 빈민의 생활을 더 어렵게 하고 빈축을 살 수밖에 없다. 개혁
시 정부의 이러한 융통성 없는 태도는, 기존 정치 조직이 이민과
흑인 집단의 정치적 잠재력을 인정하고 적극 껴안으려고 애쓴 것
과 대조를 이뤘다.

실제로 공화당 보스 조직의 일원이었던 베레 상원의원은 1890
년대 이후 눈에 띄게 증가하던 흑인 인구와 세력을 효과적으로
규합할 방법을 적극 모색했다. 남부에서 북·중부로 국내 이민을
감행한 흑인 인구는 아직 전체 도시 인구의 8퍼센트를 맴도는 수
준이었지만, 이들의 수는 꾸준히 증가하고 있었다. 또한 이들은
특정 구역에만 밀집 거주했기 때문에, 전체로 봐서는 소수라 할지
라도 이들이 집중 거주하는 구역에서는 후보자의 당락을 결정할
수 있는 힘이 있었다. 이 사실을 알았던 베레는 자기 조직이 시의
회에서 다수를 차지하면, 일정 수의 흑인 공무원을 임명하겠다는
공약을 내걸었다. 또한 흑인 공동체 내에서 존경받는 유명 인사들

을 특정 선거구 후보로 공천하여 흑인 거주자들의 환심을 사려고 애썼다.

이런 상황에서 블란켄버그의 혁신 정부는 1912년 시정 개혁을 한답시고 오히려 19명의 흑인 공무원을 해고했다. 이들이 공화당 머신 조직의 꼭두각시라는 것이 해고 사유였다. 이뿐만이 아니다. 블란켄버그가 속한 '주춧돌당The Keystone Party'은 당시 필라델피아 흑인 역사상 최고의 성공 사례로 손꼽히던 주 하원의원 해리 바스Haryy Bass의 재선을 공식 반대하고 나섰다. 바스가 필라델피아 공화당 보스 조직의 우두머리인 맥니콜 조직과 끈끈한 관계라는 이유에서였다.

이렇게 되자 개혁 정부의 정책은 기존 정치 구도에 기대어 권력의 길로 진출하려던 흑인들에게 큰 장애로 인식될 수밖에 없었다. 사실 공화당 조직도 흑인들의 표를 의식하여 제스처를 취한 것에 불과했지만, 개혁 정부에게 칼을 맞은 흑인들로서는 공화당 편에 서는 것이 당연했다.[13]

★★ 혁신주의가 거둔 절반의 성공

이처럼 19세기 말~20세기 초에 혁신주의가 벌인 '슬럼과의 전쟁'은 결국 절반의 성공으로 끝났다. 물론 성과도 많았다. 대중들이 도시의 열악한 환경에 관심을 갖도록 만들었고, 나아가 빈민가를 개선시키는 실질적 대책들도 강구되었다. 뉴욕 공동주택의 위생 및 안전 규정을 성문화하자, 이는 금세 다른 대도시로 전파되었다. 세틀먼트하우스 같은 이민자 교육 프로그램과 정착 보조 기관들이 설립되었고, 머신 정치의 부정부패를 척결하는 시정개혁운동도 진행되었다. 그 결과, 혁신주의 도시개혁운동은 더 나은 생활 환경 조성이라는 현실적인 목표에 성큼 다가설 수 있었다.

그러나 성과만큼 그 한계와 문제점 또한 분명했다. 가난과 인종에 대한 편견을 완전히 떨쳐내지 못한 개혁가들의 노력은, 개혁 대상자들에게 강압적이고 편협한 것으로 받아들여지는 경향이 있었다. 이는 양측에게 모두 당황스러운 결과를 안겨주었다. 개혁가들은 자신들의 의도와 진실을 제대로 받아들이지 못하는 대중의 소극적 태도에 실망하고 환멸을 느꼈으며, 개혁 대상이던 도시 빈민과 이민들은 자신들의 문화적 배경이나 현실을 무시하는 개혁에 담긴 우월 의식에 저항했다.

2

백색도시 환타지

미국의 도시계획과 정원도시운동

★★ 도시계획의 화두로 떠오른 '아름다움'

관찰 대상을 좀 더 확대시켜보면, 슬럼 철거는 이 시기 미국 대도시에서 전개된 도시계획Urban Planning 사업의 일부분이었다. 산업 도시의 확장 과정에서 인구 과밀과 무계획적인 개발로 인해 미국 주요 도시의 환경은 악화될 대로 악화되었다. 이처럼 급격한 산업화와 도시화에 수반된 여러 문제를 해결하고, 도시 공간을 더 효율적으로 이용할 목적으로 도시계획 개념이 대두되었다. 앞서 살펴본 슬럼 개선은 바로 이러한 도시계획의 관점에서, 기존 도시 공간 안에서도 가장 열악한 부분을 제거하는 것으로 개선을 추구했던 것이다.

그러므로 이 시대에 시작되는 도시계획은 아예 새 도시를 만들어 좀 더 근본적인 차원에서 도시 문제를 해결하려는, 지극히 혁신주의적인 발상에서 비롯되었다.

20세기 초 미국의 도시계획 분과는 슬럼 철거 이외에도, 도시의

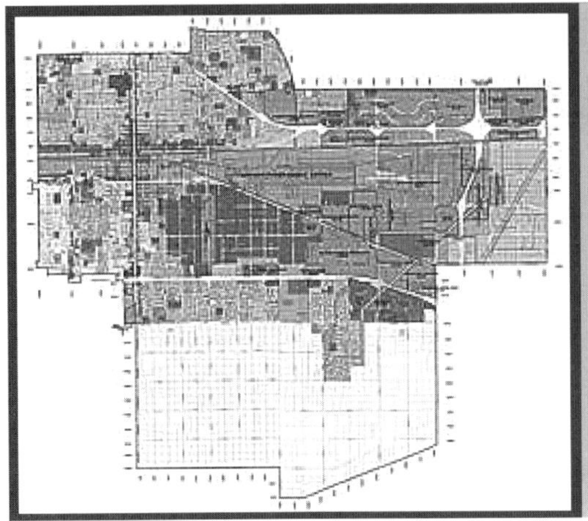

효율성과 조화로운 발전을 꾀할 제도적 절차를 마련하고자 애썼다. 특히 '용도지역지구제zoning'는 도시계획에서 종합적인 토지 이용 방향을 제시하는 가장 핵심적인 정책 수단이었다. 용도지역지구제는 도시 공간을 구획화하고, 사유 토지의 이용 용도 및 건축 높이·용적 규정을 법제화했다. 오늘날 도시 공간을 구분하고 개발하는 데 쓰이는 상업지구니 주거지니 하는 구분법은 바로 이때 생긴 것이다.

도시계획 속에는 용도지역지구제 외에도 도로와 철도 등의 인프라 구축과 주택 건설 등, 몸집만 커진 도시를 살기 좋은 공간으로 재편하려는 일련의 사업들이 들어 있었다. 기술혁신의 결실인 고속화 철도나 지하철, 자동차전용도로 등을 건설하여 도시의 효율성을 증진시키려는 사업도 그 가운데 포함되었다. 이런 의미에서 20세기 초 미국에서 시작된 학문과 운동으로서의 도시계획은 혁신주의 개혁의 연장선상에서 이해될 수 있으며, 도시를 중심으로 한 일종의 근대화 프로젝트라고 말할 수 있다.

그런데 용도지역지구제나 건설 사업은 사실상 이미 발전된 도시에서는 추진하기 어렵다는 문제점이 있었다. 기존 시설물의 처리 때문이었다. 반면 새롭게 만들어지는 도시에서는 도시계획 이념에 입각한 건설이 비교적 용이했다. 서부의 신도시인 로스앤젤레스에서 1906년에 미국 최초의 용도지역조례가 채택된 것은 바로 이러한 배경에서였다. 그에 비해 구도시들, 그중에서도 거대 도시들은 이러한 결정에 앞서 고려해야 할 요소가 많았다. 이미 들어서 있는 건물이나 도로는 어떻게 처리할 것인가. 더구나 사유 재산인 경우 소유주의 저항에 어떻게 대응할 것인가. 인프라 구축에 필요한 비용은 어떻게 조달할 것인가.

이러한 어려움으로 인해 '실용도시'로서의 기반 확충은 도시계획의 가장 핵심적인 부분임에도 불구하고, 20세기 초 미국의 도시계획에서 탈락하는 현상이 빚어졌다. 용도지역지구제도 로스앤젤레스를 제외하고는 대체로 1920년대 이후까지 입법이 미루어졌다. 이에 대한 관심과 의지는 적지 않았으나, 결과적으로 우선 추진 사업 순위에서 밀려나는 양상을 보인 것이다.

그렇다면 여기서 몇 가지 의문을 던질 수 있다. 구획화나 인프라 구축이 배제된 미국의 도시계획은 어떤 모습으로 추진되었을까? 근대화 프로젝트의 일환으로 추진된 '미국적' 도시계획에는 어떠한 배경 이념이 있었을까?

결론부터 말하자면 이 시기 미국의 거대 도시들이 앞다투어 추구한 가치는 바로 '아름다움'이었다. 아름다운 도시의 건설, 이것이 미국 도시계획의 지향점이었다. 난데없이 웬 외양 문제를 들먹이는가 싶겠지만, 도시계획을 선도한 도시 개혁가들에게 아름다움은 단지 외양의 문제가 아니었다. 아름다움은 일종의 근대적 가치로서, 미적 감각을 가진 이들만이 추구할 수 있는 소중한 이념으로 거듭나고 있었다. 따라서 아름다움을 목표로 하는 도시미화운동은 교양 있고 수준 높은 근대성의 발현으로, 새롭게 개선될 미국 도시들이 갖추어야 할 미덕이었다.

20세기 초반 미국 도시계획의 지적 설계자라 일컬어지는 프레더릭 로 옴스테드 2세Frederick Law Olmsted, Jr(1870~1957)도 이러한 견해를 견지한 사람이었다. 유럽의 도시미화운동에서 심대한 영향을 받은 옴스테드는, 이를 새로운 계획도시운동의 가장 핵심 요소로 받아들였다.

그리하여 '아름다운 도시운동City Beautiful Movement'을 미국에 정착시키는 데 중추적인 역할을 했다. 옴스테드는 철저한 계획에 의거한 공원과 광장의 조성이야말로 아름답고 숨통 트이는 도시건설의 필수 요건이라 주장했다. 아름다운 계획도시를 조성하려

프레더릭 로 옴스테드 2세

미국의 저명한 조경 건축가이자 도시계획 사상가이다. 하버드대학 재학 중 시카고 박람회의 백색도시 설계팀에서 일하면서 계획도시 및 도시계획 전문가로 명성을 얻기 시작했다. 시어도어 루스벨트 밑에서 공원 건설과 자연보호운동을 주도했으며, 아름다운 도시운동에서도 중요한 역할을 담당했다.

면, 넓고 곧게 뻗은 아름다운 신작로나 효율적인 교통망과 함께 초록빛 수목이 우거진 공원과 광장을 반드시 갖추어야 한다는 것이었다.[1]

그리하여 혁신주의운동의 일환으로 추진된 도시계획의 가장 중요한 가치가 '아름다움'으로 귀결되는 기이한 현상이 빚어졌다.

★★ 1893년 시카고 만국박람회와 '백색도시'

미국에서 도시계획과 도시 미화가 동일시되기 시작한 것은 1893년으로 거슬러 올라간다. 이 해 시카고에서 개최된 만국박람회는 근대적 의미에서 미국 도시계획의 시발점으로 일컬어진다. 박람회 행사장을 기존의 구조물에 유치한 것이 아니라, 오직 만국박람회를 위해 무려 633에이커(약 77만 평) 부지에 일종의 계획도시 형태로 새로 건설했기 때문이다.

특히 박람회의 주요 행사장이었던 '백색도시White City'는 인공 호수 주변에 거대한 신고전주의 양식의 대리석 건물들이 배치되어 아름다움과 질서 정연함의 극치를 보여주었다. 그 인상이 어찌나 강렬했던지, 이 행사장 이름이 만국박람회의 별칭으로 사용될 정도였다. 이후 백색도시는 미국의 도시계획이 지향해야 할 성공적인 표본으로 언급되었을 뿐 아니라, 사실상 하나의 학문적·직업적 분과로서 미국 도시계획의 출발점으로 인식되었다.[2]

당시 미국의 대표적인 도시 계획 이론가인 프레더릭 하우
Frederick Howe(1867~1940)는 시카고 만국박람회가 끼친 영향을 이
렇게 설명했다.

이 회반죽과 나무 막대로 만든 일회용 도시는 건축가와 조경 미술가
들의 열정을 깨우고, 수없이 많은 도시 미화 방법을 보여주었다. 그
영감은 사그라지지 않았다. 그것은 도시가 제분소, 공장, 공방에 바쳐
진 흉측함과 무질서로 인한 통제 불능의 괴물일 수밖에 없다는 가정
에 대한 영원한 거부였다. 이 놀이공원 조성에 수백만 달러를 쓰고,

시카고 박람회장에 건설된 '백색도시'
이 건물들은 각 주별로 특산물과 공산품을 소개하는 장소로 쓰였다.

전문가들을 고용하여 공원을 아름답게 만들었다면, 이와 같은 지성과 조화를 일상에 적용시키지 못할 법도 없지 않은가? 이것이 바로 박람회가 수천 명의 머릿속에 불러일으킨 의구심이었다.[3]

백색도시는 미국의 도시도 아름다워질 수 있다는 가능성을 실현시킨 '꿈의 도시'로 이해되었다. 무엇보다 백색도시는 아름다웠다. 인공으로 조성된 호수를 둘러싸고 신고전주의 양식으로 지어진 흰색 석조 건물 군이 백색도시를 형성하고 있었다. 각 석조 건물들에는 예술관, 제조업관, 전기관, 광물관, 교통관, 기계관, 원예관, 미국 정부관, 여성관, 미국의 제 주관(각 주별로 특산물과 자랑거리를 전시한 건물) 등이 자리잡고 있었다. 석조 건물들은 그리스·로마 신전에서 나 볼 수 있는 거대한 기둥, 아치형 문, 정자형 입구를 갖추고, 화려한 로코코 양식의 발코니와 난간, 조형물, 처마 밑 장식 등이 결합된 보자르Beaux-arts 건축 양식을 취했다. 이러한 건물들이 호수 주변에 군락을 이루고, 로마 시대풍 기병대나 고전 신화에 나올 법한 신과 인간들의 석조 동상들이 그 사이를 메우고 있는 모습은 가히 진풍경이었다.[4]

백색도시에서 보이는 이 당당함과 자신감의 배경에는, 시카고가 가까운 과거에 새로 재건된 '신도시'였다는 사실이 자리하고 있다. 1871년 10월, 유난히 가물었던 여름을 지낸 뒤 찾아온 대화재로 시카고는 치명적 손실을 입었다. 비가 내려 자연 진화되기까지 3일 밤낮을 타오른 시카고 대화재가 가져온 피해는 어마어마했다. 최종 집계된 피해 상황을 보면, 5,631제곱킬로미터 반경에 걸쳐 시청·교회·은행·호텔·상점 등을 포함한 1만 8천 여 채의 건물과 시 전체 인구의 3분의 1에 달하는 10만 여 시민의 집이 전소되었다. 300명에 가까운 시민이 목숨을 잃었고, 공문서나 화폐, 귀중본 도서, 예술품의 피해도 열거할 수 없을 정도였다.

그러나 시카고는 그대로 주저앉지 않았다. 진화 직후 대책위원회가 구성되었고, 대재앙 발생 후 채 6주도 지나지 않아 이미 212채의 대형 건물들이 건설되고 있었다. 1872년에는 새 시청과 법원

백색도시의 정원
그리스 로마풍 기둥과 조각, 탑 등이 어우러진
모습이다.

을 비롯한 시내 주요 건물들에 대한 디자인 공모전이 열렸다. 새로 지을 건물들은 최고의 규모와 수준이면서 특별한 시각적 의미도 담고 있어야 했다. 이왕 새로 짓는 것, 최고로 멋있게 지어서 대화재의 아픔을 딛고 진일보하겠다는 의지의 소산이었다. 그 결과, 1893년 만국박람회가 열렸을 때 시카고는 재건축을 마치고 '세계에서 가장 아름다운 도시'로 거듭나 있었다. 오늘날까지도 건축사적으로 중요하게 취급되고, 세계 건축학도들의 필수 답사지로 인정받고 있는 시카고의 역사는 그렇게 시작되었다.

1893년 박람회에서는 화재가 발생한 10월 9일을 '시카고의 날'로 지정하여, 대화재를 이겨내고 신도시 건설을 이룩한 시카고인들에게 치하와 존경을 표했다. 어떤 의미에서는 '백색도시' 자체가 아름답게 재탄생한 시카고에 대한 은유이자, 동시에 미국의 다른 도시들에게 새롭고 아름다운 도시의 기준을 제시했다고 볼 수 있다.

만국박람회 이후 각지에서 새로 태어날 '백색도시'들이 잿더미에서 부활에 성공한 시카고 같을 수만 있다면!

이렇듯 백색도시는 미국 모든 대도시들의 지향점이 되었다. 그러나 19세기 말~20세기 초 미국 대도시들이 처한 현실은 각종 범죄와 매춘, 빈민, 오폐수, 매연으로 찌든 슬럼이었다. 이런 현실을 딛고 백색도시로 탈바꿈하려면 어떻게 할까? 여기서 선택할 수 있는 답은 '미화운동'밖에 없었다. 앞 장에서 살펴본 슬럼개선운동 역시 백색도시에 가까워지려는 욕구의 표현이었다. 슬럼은 밀어내고 공장은 공원과 정원의 나무 뒤로 가려버리는 것, 그렇게 함으로써 근대 도시의 흉측한 모습을 감추는 것이 미국의 도시계획 방법이 되었다.[5]

1893년 시카고 만국박람회의 백색도시에 기원을 둔 미국의 도시 미화 사업은 '혁신주의'라는 시대적 맥락 속에서도 그 정당성을 확보했다. 도시 미화를 옹호하는 개혁가들은 자신들이 추구하는 아름다움이 그저 겉치장에 불과한 것이라고 생각하지 않았다. 그들에게 아름다움이란 깨끗함, 곧 질서를 의미했으며, 이는 나아가 발전과 진보의 개념과 통했다. 다시 말해, 아름다움은 곧 발전의 증거로 인식되었고, 개혁주의자들이 적극적으로 추진해야 할 과제가 될 수 있었다.

하지만 도시 엘리트들이 아무리 근대성의 중요성을 역설한다고 해도, 아름다움은 먹고살기 어려운 서민들에게는 여전히 사치였다. 예컨대 '아름다운 도시운동'의 대표적 사례인 필라델피아의 '벤저민 프랭클린 공원도로Benjamin Franklin Parkway' 건설 사업도 가난한 시민의 희생이 있었기에 가능했다.

1902년부터 본격 추진된 이 도로는 필라델피아 시내 한복판을 대각선으로 가로지르는 8차선 대로로, 도시의 가치와 명성을 드높이고자 기획되었다. 이 공원도로는, 1901년 완공된 시청 건물과 필라델피아가 자랑하는 '세계 최고 규모의 도시 내 공원'인 페어몬트Fairmount까지 연결하는 것을 목표로 했다. 페어몬트 공원이 시작되는 대각선의 끝에는 신고전주의 양식의 미술관을 새로 건설하여, 시청과 함께 공원도로의 양축을 이루도록 만들 작정이었다.

공원도로와 미술관 건설을 계획한 이들은 프랑스 파리의 샹젤리제 거리를 모델로 삼았다. 19세기 중반 나폴레옹 3세 지하에서 노시 계획을 맡았던 조르주 유제니 오스망George-Eugene Hausemann이 주도하여 도로를 넓히고 포장한 결과물이 지금의 파리였다. 필라델피아 미화론자들은 벤저민 프랭클린 공원도로를 샹젤리제처럼 반듯하고 넓게 닦고, 그 양쪽에 파리에서 볼 수 있는 신고전주의 양식의 건물들을 배치하려 했다. 그들은 파리식 미화 사업이 필라델피아의 이미지를 개선하고 국제적 위상도 높일 것이라 주장했다. "이제 아

미화운동으로 바뀐 필라델피아 시가지
필라델피아에서 벌어진 '아름다운 도시운동'은 도심의 모습을 확 바꾸었다. 불과 몇 년 사이에 공장과 주택 밀집 지역(왼쪽)이 도로 건설로 흔적도 없이 사라졌다.(오른쪽)

름다움은 사치가 아니라 필수"라는 것이 그들의 신념이었다.[6]

하지만 필라델피아 공원도로 계획은, 기존 도로를 넓히고 거리를 재정비하는 차원이었던 샹젤리제 개발과는 사뭇 다른 문제를 안고 있었다. 시청과 미술관 사이를 일직선으로 연결할 공원도로 예정 부지에는 길이 나 있지 않았을 뿐 아니라, 이미 수많은 건물이 자리잡고 있었다. 계획 없이 무작위로 들어선 소규모 공장과 빈민 주거지들이 예정지를 뒤덮고 있었다. 공원도로 건설 전과 후의 사진을 비교해보면, 이처럼 시설물이 밀집된 지역을 밀어내고 도로를 건설할 필요가 있었는지 의문이 들 정도이다. 하지만 공원도로 추진 세력에게 불편이나 비용은 큰 문젯거리가 아니었다. 중요한 것은 도시 경관을 최대한 빛낼 수 있는 번듯한 도로를 눈에 띄는 위치에 만드는 것이었다.

이처럼 대도시의 도시계획 방향이 새로운 주택과 계획도시 건설이 아닌 구시가지 슬럼의 철거와 미화로 정해졌다는 사실은, 이 '미화'가 가져올 도시 소외계층의 뼈아픈 고통을 어느 정도 예견하게 해준다. 실제로 이 계획 어디에도 저소득층 노동자의 주거 문제 해결을 배려한 흔적은 없었다.

비단 이 공원도로 건설 때만 그런 것이 아니었다. 1936년 크리스마스 밤, 필라델피아 슬럼가에서 판잣집들이 무너져 7명이 숨지고 13명이 부상당하는 사고가 일어났다. 시 정부는 사건 다음날 슬럼 지역 주택의 안전 문제를 지적하며, 무너진 집들과 상태가 비슷한 인근 주택 40채도 철거하라고 명령했다. 이 갑작스런 결정에 해당 주민들은 당황하는 한편 저항했다. "어디로 옮기란 말인가? 아무리 낙후되었어도 우리 집이다. 더 나쁜 곳에서도 살 수 있다!" 주민들은 항의했지만 소용없었다. 시 정부는 아무런 대안도 내놓지 않고 철거를 집행했고, 철거 대상은 이듬해 초 1천 가구로 늘어났다.[7]

슬럼의 철거로 빈민들은 더욱 큰 곤경에 빠졌다. 물론 장기적으로 봤을 때, 안전하지 못한 판잣집의 철거는 필요한 조치였다. 하지만 그저 위험하고 비위생석이라는 이유로, 혹은 아름나운 도로 건설을 위해 아무런 대책도 마련하지 않고 일방적으로 밀어붙이는 철거는 빈민의 거주 지역을 더욱 축소시키는 결과만을 낳았다. 철거 후에는 부동산 값이 올랐기 때문에, 도시 미화 후 빈민들이 갈 곳이 없어졌다. 때문에 일부 개혁가들은 필라델피아의 도시미화운동을 비난했다.

값비싼 대로와 공원화 도로, 궁전 같은 공공건물과 미술관, 화려하게 치장한 법원과 회의장, 그 밖에 시에서 소유한 다른 건물들은 이 거대한 도시에 예술적인 외양을 첨가해줄지는 몰라도, 결국에는 버려진 슬럼의 악명 높은 오물과 오염을 더욱 도드라져 보이게 한다. 그것은 마치 때가 낀 얼굴 위에 덧바른 파우더와 루즈 같은 것이다.[8]

더러운 얼굴에다 덧바른 화장품! 이처럼 신랄한 비판에도 불구하고, 미국 도시계획의 주된 흐름은 여전히 미화운동이 차지했다.

이처럼 현실적으로 서민들을 더 고통스럽게 하는 사업이 적극 추진된 이유는 무엇일까? 우선, 아름다운 도시운동으로 경제적 이득을 보는 사람들이 있었다는 사실을 지적할 수 있다. 재개발지역에 토지를 소유한 사람으로서는, 그 땅에 비위생적이고 시끄러운 공장과 빈민 거주지가 있는 것보다는 깨끗하고 번듯한 공원도로가 건설되는 것이 여러 모로 이득이다. 게다가 이 토지 소유자가 시 사업을 낙찰받는 건설회사 사장이라면? 그야말로 일거양득, 꿩먹고 알 먹는 사업이 될 것이다.

실제로 그런 사람이 있었다. 공화당 조직의 우두머리로 부패한 머신 정치를 이끌었던, 앞 장에서도 언급한 바 있는 제임스 '써니 짐' 맥니콜이다. 말했다시피 맥니콜은 필라델피아 슬럼가에 방대한 토지와 건물을 소유한 부동산 재벌이자, 주춧돌 건설회사Keystone State Construction Company와 맥니콜 도로포장회사McNichol Paving and Construction Company의 대표였다. 그는 머신 조직을 통해 시

1935년 무렵, 항공기에서 찍은 필라델피아 중심가 모습.

의회를 주물러 대규모 건설 사업을 부추기고, 그 공사권을 자기 소유 회사에 낙찰하게 하는 방식으로 큰 이익을 내고 있었다. 이렇게 벌어들인 돈이 다시 그의 정치 자금으로 들어갔음은 두말할 필요도 없다.

사실 시 상공회의소와 시 의회, 주요 일간지 등 미화 사업의 주요 지지 세력들이 모두 맥니콜과 그 수하의 이익을 대변하는 집단들이었다. 개혁 시장 루돌프 블란켄버그기 예산 부족을 이유로 공원도로 건설에 미온적 태도를 보였을 때, 시 상공회의소는 시장 때문에 "이 위대한 도시의 진보를 몇 년이나 뒷걸음치게 할 수는 없다."며 공원도로 건립에 확고한 의지를 드러냈다. 필라델피아 최대 일간지였던 《필라델피아 인콰이어러*Philadelphia Inquirer*》지 역시 사설에서 "인구 160만의 대도시가 1마일 길이의 도로를 건설할 돈이 없다고 말하는 것은, 다른 도시들이 우리를 꼬집어 게으르다고

공원도로 준공식
혁신주의 개혁가들은 아름다움이 곧 진보라는 생각에
서 도시미화운동을 용인했으나, 이는 지극히 자본주
의적인 도시 개발로 이어졌다. 맨 왼쪽 삽을 든 사람
이 블란켄버그 시장, 그로부터 오른쪽으로 세 번째에
선 이가 바로 공화당 머신 조직의 두목 맥니콜이다.
만면에 웃음을 띠고 있다.

비판했던 것을 인정하는 처사"라며 시장을 비난했다. 여기에 시 의회는 한 술 더 떠 시장의 비토(거부)까지 되돌려보내는 극단적 조치까지 취하며 공원도로 예정 부지 전 구역을 시 예산으로 구입하고, 해당 지역에 철거 명령을 내려 보냈다.[9]

1915년 봄날, 머신 조직에 패배하여 결국 공원도로 준공식에서 멍한 얼굴로 첫 삽을 뜨고 있는 블란켄버그 시장 바로 옆에는 상원의원 맥니콜이 만면에 미소를 띠고 서 있었다. 공원도로의 포장 공사권이 맥니콜 도로포장회사에 낙찰된 후였다!

아무리 혁신주의 시기였다고 해도 기존 정치 세력이 쥐고 있는 기득권 장벽을 뛰어넘기란 어려웠다. 또한 도시 미화 사업이 단지 정경 유착과 부패 행정의 결과였다고만 볼 수도 없다. 앞에서도

지적했듯, 도시계획의 주요 과제가 아름다움의 추구였다는 사실에
서 혁신주의 개혁의 공모가 드러나기 때문이다. 사실상 미국의 도
시계획 이념은 그 시작부터가 '자본주의적'이었다. 미국 도시계획
의 선구자인 프레더릭 하우 역시 도시계획의 가장 중요한 목표는
바로 재산권 보호라 주장한 바 있다.

> 도시계획은 재산권을 보호하는 반면, 그 남용license은 규제한다. (도
> 시계획은) 질서 있고 조화로운 성장을 보장하고, 공동체가 과거의 실
> 수를 반복하지 않도록 보호한다. …… 넉넉한 도로와 열린 공간, 토
> 지 이용권 통제로 재산 가치가 증가했다는 것은 이미 경험으로 입증
> 되었다.[10]

다시 말해, 재산 가치 증가, 즉 경제적 이득이 도시계획의 주요
의제였던 것이다. 필라델피아의 아름다운 도시운동에서도 비슷한
주장이 제기됐다.

> 상업적 관점에서 도시는 상점의 집합일 뿐이다. 보기 좋게 정리되고
> 치장되어야 한다는 사실은, 도시의 각 부분에서도 그렇고 도시 전체
> 로도 그러하다. 우리의 거대 상점들이 편안하고 매력적인 모습을 갖
> 추는 것은 사치가 아니다. 당연한 것이다.[11]

이렇게 본다면, 미화 사업으로 인해 현실적이고 직접적인 혜택

을 보는 이들이 토지 실소유자들과 개발업자들이었다는 사실은 전혀 이상할 게 없다. 도시 환경을 아름답게 정비하여 도시 내 토지의 가치를 더욱 높이는 것이 도시계획의 예정된 목표였기 때문이다. 그리고 도시계획 분야 안에서도 미화 사업은 특히 전문가적이고 개혁적이면서도 기존 계층 질서를 흔들지 않는 특성이 있었다. 그리하여 미화 사업 덕분에 재산가들은 오히려 더 많은 부를 축적했다.[12]

★★ 사회주의적 공동체를 지향한 '정원도시'

도시 공간을 구획화하고, 사유 토지의 이용 용도 및 건축 높이·용적 규정을 법제화한 '용도지역지구제' 등이 기존 도시를 체계적으로 재개발하려는 노력이었다면, 계획도시 건설운동은 아예 새로운 도시 건설을 목표로 삼았다. 현대적 의미에서의 계획도시는 19세기 말 영국에서 시작됐다. 영국의 사회주의자 에벤에젤 하워드 Ebenezer Howard(1850~1928)는 도시 문제를 단순히 오염이나 밀집의 문제가 아닌, 자본주의 체제의 근본적 모순에서 발생하는 문제로 파악했다. 따라서 도시를 개선하려면 그저 아름답게 꾸미거나 도로를 건설하는 것으로는 부족했다. 진정한 개혁은 자본주의적 삶의 방식 자체를 바꿀 수 있는 새로운 도시 건설에서 시작된다고 하워드는 믿었다.

그 결과 구상된 것이 바로 ‘정원도시Garden City’이다. 1888년 출판된 저서 『미래의 정원도시*Garden Cities of To-Morrow*』에서 하워드는 토지 공동 소유와 공동체 생활 방식에 기반한 신도시 건설의 필요성을 주창했다. 정원도시는 기존의 도시와 농촌의 장점만을 모아 노동 대중에게 이상적인 주거·작업 환경을 제공하는 것이 그 목표였다.

하워드의 구상에 따르면, 각각의 정원도시는 체계적인 계획을 거쳐 주거·산업·상업·농업 부지들을 쾌적한 환경에 조화롭게 배치하고, 효율적인 교통망을 구축하여 내·외부의 연결을 원활히 한다. 무엇보다 중요한 점은 이 도시가 공동 소유를 지향하고, 공동체 조합 형태로 구성되어 육아·교육·가사 등도 공동으로 해결한다는 점이었다. 한 마디로, 최초의 계획도시라 할 하워드의 정원도시는 일종의 사회주의적 공동체로서 구상되었다.(우리나라 도시계획학 분과에서는 Garden City를 ‘전원도시’로 번역하고 있다. 하지만 전원도시는 우리 일상생활에서 빈번히 사용되는 용어로, 하워드가 제창한 본래의 취지와는 동떨어져 있다. 현재 우리나라에서 전원도시라 하면 기존의 대도시보다 조금 더 자연 친화적으로 건설된 베드타운을 의미하는 경우가 많고, 지방의 중심

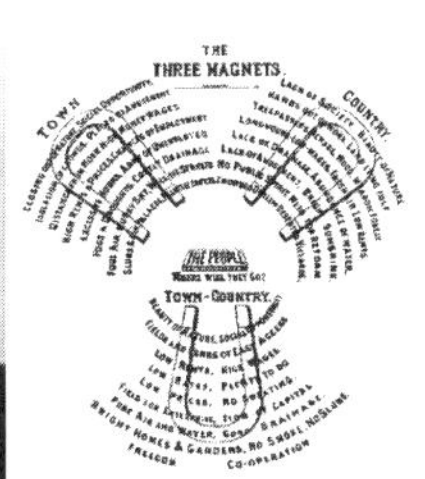

에벤에젤 하워드(왼쪽)와 그가 제시한 ‘세 개의 자석’ 도식

하워드가 제안한 정원도시는 기존의 농촌과 도시의 장점을 모두 갖춘, 노동자의 천국으로 계획되었다. 그는 세 개의 자석 중 도시-농촌 유형(즉, 정원도시)이 가장 장점이 많기에 많은 인구를 끌어들일 것이라고 주장했다.

도시들이 이를 자처하는 경우도 있다. 여기서는 하워드의 애초 구상에 더 가까운 내용을 담고 있는 '정원도시'로 번역하여 다른 전원풍 도시들과 혼동되는 것을 방지하였다.)

『미래의 정원도시』가 출판되자, 하워드의 정원도시 개념은 폭발적인 반향을 불러일으켰다. 곧 정원도시협회가 구성되고, 개별 정원도시 개발을 위한 조합이 설립되었다. 그리하여 1904년과 1919년 마침내 런던에서 각각 56킬로미터, 32킬로미터 떨어진 곳에 하워드의 구상을 충실히 구현한 정원도시 '레치워스Letchworth'와 '웰윈Welwyn'이 건설되었다. 산업화 이후 급격한 도시화로 인해 비슷한 고민거리를 안고 있던 프랑스, 독일, 일본에까지 유사한 운동이 전파되었다.[13]

레치워스의 등장 이후 미국에서도 정원도시운동에 대한 관심이 증폭되었다. 이런 관심은 1906년 '미국 정원도시협회Garden Cities Association of America'의 발족으로 이어졌고, 1920년대에 정원도시를 표방하는 주거지들이 건설되기 시작했다.[14] 하지만 이들 '정원' 가운데 에벤에젤 하워드의 가장 핵심적인 목적을 구현한 곳은 단 한 곳도 없었다. 뿐만 아니라, 본래 정원도시의 의도와 전혀 상반되는 결과물을 내놓기까지 했다.

우선 미국에서 벌어진 정원도시운동에는 급진적인 사회운동의 대안으로서의 정원도시라는, 황당한 주장이 포함되었다. 한 논설에서는, 영국의 정원도시가 사회적 통제의 실습인 동시에 사회주의를 방지하는 수단으로 묘사되었고, 또 다른 사설에서는 "사회주

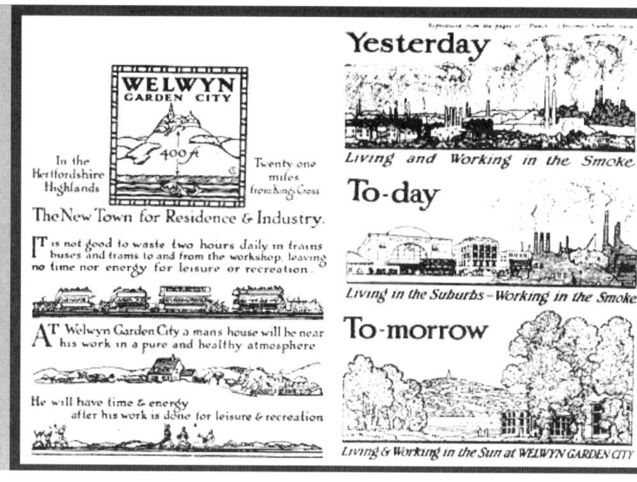

영국의 두 번째 정원도시인 웰윈의 홍보책자
과거에는 매연에 찌든 도시에 살며 일했고, 오늘날에는 능력 있는 사람들만 교외에 살며 도시에서 일하는데, '내일의 도시'에서는 쾌적한 환경에서 일하며 살 수 있다고 되어 있다. 이처럼 영국의 정원도시는 노동 대중을 위한 환경에 큰 관심을 지닌 도시계획으로 발전했다.

의나 다른 정치 혁명을 기다릴 필요 없이" 사회의 집단적 필요에 부응할 방안을 마련해줄 "사회주의의 대체 방안"이라고 설명되었다.[15] 이처럼 영국에서 사회주의 실현의 한 방법으로 구상된 정원도시가 미국에 와서는 정반대로 사회주의 우회 혹은 방지책으로 거론되는 역설적 상황이 벌어졌다.

당시 사회 분위기를 고려한다면, 미국이 정원도시운동을 선택할 수밖에 없었던 역사적 배경을 어렵지 않게 포착할 수 있다. 20세기 초 유럽을 휩쓸고 있던 급진적 사회 사상의 영향을 미국은 크게 경계하고 있었다. 특히 공산주의나 사회주의, 무정부주의 등은 미국의 체제를 전복시킬 만큼 위험한 사상으로 간주되었고, 이는 대대적인 배외주의Nativism와 반외국인 정서의 발흥으로 이어졌다. 때문에 사회주의자가 사회주의적 공동체로 구상한 정원도시 사업을 수입한다는 것 자체가 미국으로서는 부담스러운 일이었다.

그 결과, 미국의 정원도시운동은 사회주의와의 연결 고리를 끊고, 오히려 사회주의를 극복할 대안으로 제시되었다.

미국 정원도시협회는 '영국 정원도시협회Garden Cities Association'와는 전혀 다른 역할을 맡았다. 미국의 정원도시협회는 영국처럼 정원도시 건설에 직접 뛰어들기보다는 대기업들에게 사업을 떠맡도록 독려했다. 각 거대 기업들이 피고용인을 위한 정원도시 형태의 개발을 진행하면, 협회가 그 자문역을 맡겠다는 것이었다.

미국 협회의 이러한 선택 뒤에는 영국식 정원도시가 미국에서는 실현되기 어려울 것이라는 관측이 자리하고 있었다. 협회 의장인 W. D. P. 블리스Bliss는, 미국에서는 고용주나 피고용자들의 농촌 이주를 고무하는 것이 영국보다 어려우며, 또한 유럽에 비해 상대적으로 이윤율이 높은 미국에서 5퍼센트로 제한된 유한 배당 방식을 투자자들이 받아들이기도 쉽지 않다고 지적했다.[16]

미국의 정원도시가 이렇게 변질된 데에는, 정원도시가 도입될 즈음 이미 그 사업성을 알아보고 깊숙이 관여하기 시작한 미국의 노련한 자본 세력의 영향도 컸다. 특히 정원도시에 관심을 보인 이들은, 정원도시가 건설될 가능성이 있는 지역의 이권과 관련 있는 사업자들이었다. 일례로 뉴욕 시 주변에서 이런 교외도시가 건설될 수 있는 지역은 롱아일랜드였는데, 이곳의 대중교통을 독점하고 있던 롱아일랜드철도Long Island Railway는 회사 수입을 크게 향상시킬 대규모 거주지 건설에 당연히 큰 관심을 보였다. 심지어 미국 정원도시협회의 초대 부의장은 롱아일랜드철도의 사장이었다![17]

물론 하워드의 본래 계획에서도 철도는 매우 중요하게 얘기된다. 하워드가 철도의 중요성을 강조했던 이유는, 각 정원도시와 기존 대도시 간의 접근성을 강화하는 동시에 정원도시 내 각 구역 사이의 교통을 원활히 하기 위함이었다. 그러나 미국 개발업자들이 보기에 정원도시란 단지 교외에 대규모 거주지를 건설한다는 점, 그래서 그 도시와 외부 사이의 교통을 철도가 담당한다는 점으로 요약되었다. 그 결과 애초의 사회적 맥락이나 이념은 지워지고, 누가 건설 사업을 맡아 이윤을 올릴 것인지에만 관심이 쏠렸다.

이러한 실정에서 본래의 사회주의적 공동체 건설이라는 이상이 완전히 망각되는 것은 당연한 결과였다. 엄밀히 말해, 이 시기 미국에서 '정원' 혹은 '정원도시'의 이름을 빌려 지어진 주거 단지 가운데 하워드의 이념을 따라 건설된 곳은 하나도 없다. 뉴욕의 '포리스트힐스 가든Forest Hills Garden'을 시작으로, 1920년대에 건설된 클리블랜드의 '쉐이커 하이츠Shaker Heights', 퀸즈의 '서니사이드 가든Sunnyside Garden', 뉴저지의 '래드번 가든Radburn Garden'

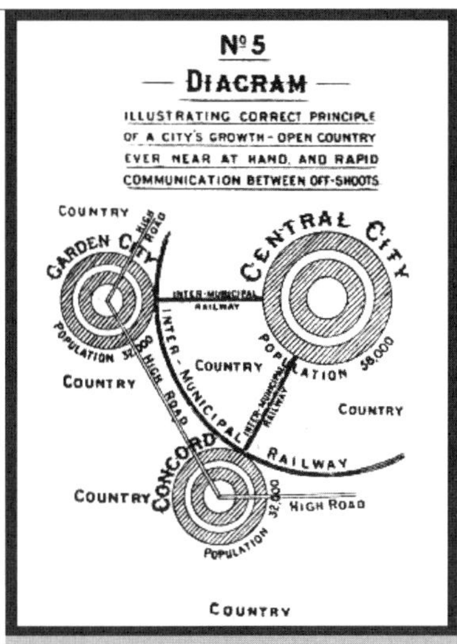

하워드의 정원도시 모형
철도를 이용해 대도시와의 접근성을 강화했다.

등이 정원도시를 표방했지만 그것은 이름뿐이었다. 물론 이 거주지들은 일정 정도의 인구 분산 효과를 가져왔고, 비교적 쾌적한 거주 환경을 제공했다는 점에서 정원도시의 기능을 일부 수행했다고 평가할 수 있다. 그러나 이들 도시에는 하워드 사상의 핵심이라 할 공동 소유나 공동체 생활에 대한 의지가 결여되어 있었다. 주택 단지들은 개발 후 개인에게 분양·판매되었고, 그 이후에는 개인 소유물로 인정되었다.[18]

공공의 이익을 고려했던 정원도시 본래의 의도와는 달리, 미국 정원도시는 이윤 추구를 목표로 했다. 포리스트힐스 가든의 건축 책임자였던 그로스비너 애터버리Grosvenor Atterbury는 한 기고문에서, 포레스트힐스와 같은 주거지 건설에서 "박애주의적 원조나 자선, 또는 가부장주의로밖에 이야기될 수 없는 실험이나 시범을 보여서는 안 된다."고 못 박았다. 공적 부조에 의한 임대주택이나 주거 환경 개선 사업은 자선사업이므로 자본주의 사회에서는 정당하지 못하다는 것이다. 애터버리는 또한 주거지 개발은 철저하게 "토지 소유자의 민주주의"에 맡겨져야 하며, 그 때문에 "반드시 사업적 토대에서 고려·조직·개발되어야 한다."고 했다.[19] 여기서 "토지 소유자의 민주주의"란 토지 이용에서 개인의 재산권 존중이 가장 중요하다는 뜻을 담고 있다. 자본주의적 원칙에 입각하여 오직 사업성을 고려한 주택 건설만이 성공을 거둘 수 있다는 것이 애터버리의 믿음이었다.

결과적으로 영국 정원도시와 미국 정원도시의 가장 중요한 차이

영국과 미국의 정원도시 비교
영국 레치워스에 위치한 주택(위 왼쪽)은 정원 등 쾌적한 환경과 삶의 질을 중시했다. 반면 미국으로 수입된 정원도시(위 오른쪽)는 중상층용 주거 단지로 만들어져 소수 상류층에게만 개방되었다.
뉴욕 퀸즈에 지어진 이 건물은 프레더릭 로 옴스테드 2세가 설계한 것이다. 퀸즈 단지는 엄청난 개발 비용과 유명 건축물, 여유 있는 공간 배치 등으로 오늘날까지도 상류층 주택단지로 유지되고 있다. U. S. 오픈 테니스 대회가 개최되는 곳으로도 유명하다.
미국 노동자용 임대주택은 회색빛의 삭막한 공간으로 '정원'과는 거리가 멀었다.(아래 왼쪽)

점은, 노동 대중의 주거와 일자리를 동시에 제공하는 자립적 공동체를 지향한 영국과 달리, 미국의 정원도시는 중상층용 베드타운으로 기능하게 되었다는 점이다. 실제로 미국 정원도시 가운데서 가장 성공적이라고 평가받은 포레스트힐스 가든의 주요 거주민은 중간 혹은 중상 소득 수준의 가구들이었다. 입주 이후 이들에게는 그 주택을 구입할 수 있는 권리가 주어졌다. 정원도시 건설이 개인 사업체에 맡겨진 이상, 더 많은 이윤을 내는 수익성 높은 사업을 위해 구매력 있는 대상을 상대할 수밖에 없었다.[20]

★★ 가든시티의 자본주의화 혹은 미국화

본래의 정원도시 개념에서 공동 소유와 공동 관리 이념이 삭제된 미국의 정원도시들은 '정원교외Garden Suburb' 혹은 '모범마을Model Town'로 불렸다. 즉, 미국식 정원도시는 새로운 주거 문화 개념을 담은 자본주의적 주택 시장에 대한 대안이 아닌, 복잡하고 비위생적인 도심을 떠나 자신들만의 쾌적한 환경에서 살고자 한 중상층 시민들의 베드타운에 불과했다. 결과적으로 이러한 주거 모델은, 주거지를 분리하여 기존의 계층 차이를 더욱 확고히 만든다는 점에서 하워드의 본래 사상과는 대척점에 있다고 할 수 있다.

미국의 정원도시가 영국의 그것과 다른 발전 과정을 보인 연유를 찾으려면, 주거나 주택이 아닌 도시 공간 배치와 계획이라는 더 큰 맥락을 살펴보아야 한다. 유럽에서는 근대적 의미의 도시 공간을 논할 때, 주택·주거 환경 문제를 항상 중심 논제로 다루었다. 19세기 (프랑스의 사회이론가) 푸리에Francois-Marie-Charles Fourier나 (영국의 사회주의 사상가) 오언Robert Owen의 계획도시 개념에서 뚜렷이 나타난 이런 경향은, 영국의 도시계획 역사에 일대 획을 그은 1909년의 〈전국도시계획법〉에서도 분명하게 드러난다. 이 법은 '건강한 가정, 아름다운 주택, 쾌적한 마을, 우아한 도시, 건전한 교외'의 증진을 목표로 내세웠다. 이처럼 유럽에서는 주택 문제가 도시계획의 일부로 종합적으로 논의되었고, 하워드의 정원도시도 이런

맥락에서 이해할 수 있다.[21]

그러나 정부의 주택 시장 개입을 극도로 꺼리는 미국적 정서와 맞부딪히며, 미국의 정원도시는 다른 진화 과정을 겪는다. 사적 경제 영역에 대한 미국 정부의 불개입 원칙은 20세기 중반까지도 지나칠 정도로 강하게 견지되었다. 시민들의 주거 역시 철저히 사적인 시장 논리에 따라 운영되어야 할 부문으로 간주되었다. 정부의 의지와 경험은 빈약한 반면, 도시 건설과 관련한 기업과 자본은 고도로 진화되어 있었다는 점 역시 이 시기 미국 도시계획의 특성이다. 때문에 개혁적 성향의 정책이 추진되다가도 결국에는 자본의 배를 불리는 쪽으로 변질되었던 것이다.

당시 저명한 주택 개혁가 에디스 엘머 우드Edith Elmer Wood는 1929년 '전미주택연합National Housing Association' 연설에서 이런 평가를 내렸다.

다른 방법으로는 그럴싸한 주택을 구입할 수 없는 저임금 집단을 위해 국가·주정부·도시가 주거 수당을 지급하거나 주택 가격을 낮추어야 할지 말지를 논의한다는 점에서 (현재 미국은) 78년 전 영국, 40년 전 벨기에나 독일, 35년 전 프랑스, 28년 전 네덜란드가 서 있던 지점에 있다.[22]

그만큼 미국은 주택 정책에서 유럽에 비해 뒤처져 있었다. 주택 문제는 혁신주의 정부조차 쉽게 건드릴 수 없는 사적 영역의 마지막 보루였다. 공공성을 강조한 정원도시 이념이 미국에서 현실화되기 어려운 근본적인 이유가 바로 여기에 있었다.

새로운 주거 단지와 도시 건설을 목표로 삼았던 정원도시 개념의 본래 의도는, 기존의 주택 시장 질서를 흐트러뜨리는 것이 본래 의도였다. 미국인들은 이 의도를 수용할 수 없었고, 그 결과 '미국적' 정원도시는 계층 질서와 도심지 주거 환경에 대한 근본적 개혁을 피하는 방향으로 진행되었다. 숙박 기능만을 담당하는 베드타운이 아닌, 그 자체로 충족적인 도시는 애초부터 미국에는 무리였다.[23]

지금까지 살펴보았듯, 세기 전환기 미국에서 추진된 도시계획과 계획도시는 모두 대도시의 급격한 팽창과 인구 밀집이 초래한 문제점들을 개선하려는 노력의 일환이었다. 1893년 시카고 만국박람회에서 펼쳐 보인 세계에는 끊임없이 진보하는 인간의 역사에 대한 믿음과 미래에 대한 희망이 살아 있었다. 백색도시는 이제까지의 발전을 바탕으로 더 나은 도시를 건설할 수 있다는 자신감을 그대로 드러냈다. 이런 의미에서 당시 미국의 도시계획은 혁신주의적 세계관에 입각하여 도시 공간을 재편하려 한 움직임이었다고 평가할 수 있다.

하지만 도시계획은 아름다운 도시운동과 정원도시라는 구체적 형태로 추진되는 과정에서 도시의 자본주의적 기능에 잠식되는 결과를 낳았다. 부동산, 건설, 건축 분야의 이권을 쥐고 있는 도시 내 기득권 세력은 도시계획조차 사업의 기회로 삼았다. 그러는 동안 도시 빈민들은 도시계획의 방향을 결정할 권리를 갖기는커녕, 장차 아름답게 변할 도시에서 발붙일 곳마저 잃어버렸다.

미국의 도시계획이 표방한 이념과 주도 세력의 선택을 고려하건대, 자본으로의 편입은 예정된 결과였다. 아름다움의 추구가 도시민의 생활보다 우선시되었다는 것 자체가 도시계획 이념의 태생적 한계였다. 이런 이념 아래서는 아름다운 외양만을 추구할 수밖에 없었다. 정원도시라는 선구적 계획도시는, 미국에 수용된 뒤로 철저히 자본주의의 길을 걸었다. 자본주의를 수용한 개혁의 함정은 그렇게 모습을 드러냈다.

제국주의 전시장 만국박람회

19세기 후반 미국의 식민 팽창과 타자 만들기

★★ 프런티어 이론과 '제국'의 탄생

1893년 시카고 만국박람회가 지금까지 기억되는 이유는 '백색도시' 말고도 또 있다. 바로 여기서 20세기 초 미국의 역사가 프레더릭 잭슨 터너Frederick Jackson Turner(1861~1932)의 유명한 '프런티어 이론frontier theory'이 발표된다.

미국사학회가 박람회장에서 개최한 연례학술대회에서 학회장이었던 터너는 「미국 역사에서 개척지의 중요성The Significance of the Frontier in American History」이라는 논문을 발표했다. 이 글에서 터너는 그때까지 미국사를 이끌어온 핵심적 원동력은 무한히

프레더릭 잭슨 터너

미국사학회 회장, 위스콘신 대학 교수, 하버드 대학 교수 역임.
'개척지 이론'은 터너의 가장 중요한 업적으로 꼽힌다. 미국 민주주의와 성장을 이끈 가장 핵심적인 요인을 서부의 존재에서 찾은 그의 연구는, 지금까지도 미국 역사의 고전으로 읽힌다.

서부 대목장

독립 이후 미국의 전 역사는 광활한 서부를 정복하는 과정이었다고 해도 과언이 아니다. 서부 점령이 끝난 19세기 말까지도 이곳을 어떻게 길들이고 미국화하는지가 미국인에게 큰 과제였다.

열려 있던 토지, 즉 개척지라고 평가하여 이른바 '미국의 예외주의American Exceptionalism'에 대한 고전을 남겼다.

터너는 영국 식민지 시대부터 19세기 말까지 북아메리카 대륙에서 펼쳐진 역사를, 여러 단계에 걸쳐 개방된 변경지역의 지속적인 개척운동으로 해석했다. 이 과정에서 터너는 이런 변경지가 민주주의와 국력 성장의 원동력임을 증명하려는 한편, 미국의 팽창을 지극히 자연스러운 과정으로 해석했다. 또한 유럽 각지에서 이주한 인종과 민족이 하나의 '미국인'으로 만들어지는 것은, 바로 이 개척지 경험을 공유함으로써 가능하게 되었다고 주장했다. 개척지를 미국적인 국가 정체성의 탄생지로 본 것이다.[1] 바로 이것이 그가 설명한 미국 예외주의의 요체였다.

터너의 이 '프런티어 이론'은 미국의 진취적인 국민성과 민주주의에 대한 중요한 분석으로 받아들여져, 오늘날까지도 미국 내외에서 자주 언급되고 있다. 그런데 문제는, 터너가 이 글에서 시종일관 백인들을 전면에 내세우고 있다는 점이다. 터너 논문의 주인공은 단연 유럽 출신 백인들이다. 거친 환경과 다른 인종을 상대로 백인들이 벌인 정복이야말로 미국사의 업적이다!

이러한 터너의 주장은 그때까지 이룩된 미국의 발전이 사실은 비백인 집단, 즉 원주민과 아프리카인에 대한 억압과 착취를 바탕으로 한 '발전'임을 무시하는 발언이다. 그러나 이 문제에 대한 논의는 잠시 미뤄두고, 우선 그의 논지에 집중해보자.

1893년 현재, 미국은 서부 개척이 완료되어 더 이상 개척할 지역이 없는 상태였다. 그렇다면 미국은 이제 터너가 말한 그 원기 왕성한 국력과 국민성의 원동력을 잃은 것인가? 그렇지 않았다.

19세기 말과 20세기 초에 걸쳐 미국은 북아메리카 이외의 지역으로 영토를 확장하기 시작했다. 우선 터너의 테제가 발표된 바로 그해, 미국은 하와이를 합병시키며 태평양 너머 세계에 대한 영토적 욕망을 드러냈다. 이어 동아시아 시장으로 눈길을 돌려 일본과 한국의 개항을 주도했을 뿐 아니라, 중국에 '문호 개방' 압력을 넣었다.(미국은 1858년 일본과 수호통상조약을 체결하고, 1882년에는 서구 열강 가운데서 가장 먼저 조선과 수교를 체결한 데 이어, 1898년 중국 영토를 빼앗지 말자는 내용의 '존 헤이의 선언'을 발표하여 다른 열강을 견제하고 중국 진출을 꾀했다.)

1898년, 미국은 쿠바 독립 문제를 놓고 스페인과 전쟁을 시작했다. 당시 스페인이 이빨 빠진 호랑이였다고는 하지만, 신생 국가 미국이 호랑이의 권위에 도전한 것은 놀라운 사건이었다. 더 나아가, 미국은 구세계의 옛 실력자를 물리치고 승리하여, 그 대가로 카리브 해와 태평양에 있는 스페인 식민지들의 통치권을 획득함으로써 해외 영토 점령에 성공했다. 마침내 명실상부한 '제국'으로 탄생하는 순간이었다. 터너의 이론은 끝나버린 개척 시대에 대한 추도사가 아니라, 바다 너머의 신 개척지 진출을 선언한 미국의 출사표였던 것이다.

제국의 출사표가 시카고 박람회에서 던져졌다는 사실은 의미심장하다. 시카고 박람회의 공식 명칭은 '1893년 콜럼비안 박람회The

Columbian Exposition of 1893'로, 크리스토퍼 콜럼버스의 아메리카 대륙 발견 400주년 기념행사로 기획되었다. 콜럼버스가 없었다면 과연 오늘날의 미국이 존재했을 것인가. 여기서 콜럼버스가 아메리카 대륙을 인도로 착각했다거나 또 북미, 즉 지금의 미국 영토에는 발을 디딘 적이 없다는 사실은 간단히 무시되었다. 미국인에게 중요한 것은 반대와 역경을 무릅쓰고 바다 건너 미지의 땅을 탐험한 콜럼버스야말로 진정한 의미의 개척자이며, 미국이 바로 그런 도전정신을 계승하고 있다는 점이었다. 콜럼버스의 진출로 시작된 백인의 아메리카 정복, 그리고 그 정점에 선 미국이 400년 전 그 인물의 업적을 기리며 세계와 역사를 돌아보는 기념식, 그것이 바로 시카고 만국박람회였던 것이다.

그런 의미에서 시카고 박람회는 무엇보다도 국가적인 행사가 되어야 했다. 이전 박람회들과 달리, 1893년 행사에 스미소니언 Smithsonian Insititution(1846년 설립된 미국 국립 교육기관으로 18개의 박물관·미술관과 9개의 연구소, 120여 개의 협력기관을 거느리고 다양한 전시·교육·문화 행사 및 관련 연구 활동을 관장한다.)이 더 적극 개입했다는 사실은 바로 이러한 미국의 의지를 드러내준다. 연방 산하 기관인 스미소니언은 박람회의 성격을 규정하고 이에 따라 전체적 계획을 짜는 일뿐만 아니라, 전시물을 결정하고 공급하는 역할도 도맡았다. 그 결과, 시카고 박람회는 각국의 특산물과 최신 기술을 선보이고 기업과 국가 간 교류를 도모하는 동시에, 정부가 나서서 미국의 발전상을 알리고 뽐내는 자리가 되었다.

인공호수에 설치된 거대한 조형물
시카고 박람회는 최신 현대 기술과 문명의 전시장으로 기획되었는데, 이처럼 곳곳에 그리스 로마 신화의 장면들이
연출되었다.

국가에 충성을 맹세하는 '국기에 대한 맹세'(충성맹세)가 시카고 콜럼버스 400주년 기념 박람회의 개최를 기념하고자 제정되었다는 사실도 시카고 박람회의 중요한 부분이다. "나는 국기와 국기가 상징하는 공화국에, 만인을 위한 자유와 정의를 위해, 분리되지 않는 하나의 국가에, 나의 충성을 맹세합니다."[2] 계속된 발전과 팽창으로 자신감에 충만한 미국과 미국인들을 느낄 수 있는 선언문이다.

앞 장에서 살펴본 시카고 박람회의 백미, 곧 백색도시는 하나의 계획도시인 동시에 제국 그 자체를 상징했다. 그리스·로마 신전 양식으로 지어진 거대한 건축물과 석조 동상들이, 최신 기술과 문

명의 진시장을 메운 모습은 보는 이를 압도했다.[3]

여기서 근대화와 인류의 진보를 표현하고, 미국의 업적을 칭송하려고 마련된 행사장이 그리스·로마시대의 풍경을 연출했다는 것은 그 자체로 의미심장한 선언이다. 앞서 설명한 대로 미국은 이 즈음에 전통적인 고립정책을 폐기하고, 새로운 신제국주의 외교정책의 시대를 열어가기 시작했다. 따라서 시카고 만국박람회에서 그리스·로마 '제국'의 부활은 다름 아닌 미제국의 등장을 알리는 적절한 상징이었다.

★☆ 박람회가 펼쳐 보인 제국주의의 내면

스미소니언이 시카고 박람회에 펼친 세계는 두 개의 공간으로 분리되었다. 완벽한 도시이자 제국인 백색도시의 서쪽 구역 '미드웨이Midway'에는 백색도시와는 전혀 다른 성격의 마을이 만들어졌다. 기획 담당자인 스미소니언 소속의 미국민족학청Bureau of American Ethnology과 하버드 대학의 피바디 고고민족학박물관장 프레더릭 풋남Frederick W. Putnam 교수는 이곳에 기술 및 문명과 상반되는 야만, 비문명, 부족문화를 담은 '미드웨이 플레이상스 Midway Plaisance'를 만들었다.

미드웨이 플레이상스 공간을 채운 구성원들은 아프리카인, 미국 원주민, 중국인, 자바인, 사모아인 등 거의 모든 비백인 국가

백색도시의 서쪽 구역인 미드웨이

미드웨이는 시카고 박람회의 오락과 여흥 중심가였다. 또한 각종 인종과 민족 집단을 총망라한 '인종 전시장'으로 기능했다.
오른쪽 지도는 전시장과 미드웨이의 위치를 보여주는 시카고 박람회 전경 지도이다. 오른쪽에 남북 방향으로 뻗은 것이 호수와 백색도시, 왼쪽 위에 좌우로 길게 난 길이 미드웨이다.

및 민족들이었다. 미드웨이는 당시까지 스미소니언의 연구 기관들이 거둔 인류학적 성과를 총망라하여 미국인들에게 이 비백인 민족들이 살고 있는 세계를 소개하는 역할을 했다. 스미소니언 측은 좀 더 생생한 표현을 위해 각종 유물이나 생활용품, 예술품들과 함께 전통 복장 차림의 현지인을 동원하여 실제 생활 모습을 연출함으로써 살아 있는 '인간 동물원'을 만들었다.[4] 백색도시가 근대 문명의 신전이라면, 미드웨이는 각종 국가와 인종들의 인류학적 전시장이었다.

미드웨이와 백색도시가 완전히 분리된 이유는 두 세계의 대조 효과를 극대화하기 위함이었다. 백색도시는 "문명은 백인의 것이며, 그중에서도 최고봉은 미국"이라는 메시지를 표현했다. 반면 미드웨이에는 '야만'을 대표하는 여러 지역의 다양한 인종들이 '격리'되어 있었다. 문명과 야만을 대조하여 보여준다는 스미소니언의 계획은 대성공이었다. 방문객들은 백색도시에서 본 백인 문명과 미드웨이의 '타자'들이 보여주는 비문명 사이의 극적인 대조를 절감하지 않을 수 없었다.

양쪽을 둘러본 방문객들은 어느 부족이 "더 야만적"이며 어떤 부족이 "준準문명" 형태인지 평가해보며 스미소니언의 생각을 자연스럽게 수용했다. 박람회를 안내하는 책자들도 여러 문명을 비교·대조하여 서열을 매기는 미드웨이의 인종적 의도를 숨김없이 드러냈다. 한 관람객은 언론과의 인터뷰에서 시카고 박람회를 이렇게 요약했다. "당신 앞에는 문명화된 세계와 반半문명화된 세계, 야만

'사라진 고리The missing link' No. 2
시카고 박람회를 기획한 스미소니언의 전시
물 중 하나이다. 진화론의 약점 가운데 하나
는 인간과 원숭이 사이의 중간 형태가 없다
는 것이었다. 그런데 인류학자들은 필리핀의
이고로트 족에서 바로 그 증거, 즉 사라진 줄
알았던 '연결고리'를 찾아냈다고 주장했다.

적 세계가 그중 하나 고를 수 있도록, 아니 하나하나 차례로 선택할 수 있도록 펼쳐져 있다."[5]

인류 문명과 인종의 서열화 경향이 시카고 박람회에서 처음 시작된 것은 아니다. 1876년 필라델피아 박람회에서도 미국 원주민들은 박람회가 상징하는 진보와 발전 테제의 반테제로 부각되었다. 이 박람회에서는 원주민의 원시성과 야만성을 강조하고자, 즉 미국 백인과 차별되는 원주민의 특성을 보여주려고, 개화된 원주민 부족들의 박람회 참가를 의도적으로 저지하기도 했다.[6]

이처럼 박람회는 서양의 생물학과 인류학의 성과를 총망라하며, 인종주의와 제국주의 논지를 재확인하는 기능을 수행했다. 근대 분류학의 아버지인 린네Carl von Linné(18세기 스웨덴의 식물학자)에서 진화론의 대부인 찰스 다윈Charles Rober Darwin(19세기 영국의 생물학자)에 이르기까지, 서양의 생물학자들은 지구상의 모든 생물을 계통과 서열로 분류하는 과정에서 백인 중심적인 사고를 감추지 않았다. 그들은 유색인종의 열등성을 확고히 믿었으며, 심지어 흑인과 고릴라 사이의 유사성이 흑인과 백인의 거리보다 가깝다는 주장까지 제기됐다.[7]

미드웨이 플레이상스는 일직선의 도로 양측에 각 촌락들이 늘어서 있는 구조였고, 도로 중심에는 이 박람회의 또 다른 화젯거리였던 (미국의 발명자 이름을 딴) '페리스 관람차Ferris wheel'가 관람객을 태우고 그들이 건설한

페리스 관람차.

세계를 한눈에 볼 수 있도록 돌아가고 있었다. 페리스 관람차를 중심으로 그 주변에는 비교적 문명에 가까운 민족들(알제리·튜니스·카이로·무어·독일·터키)이 배치되었고, 멀어질수록 야만으로 규정된 민족들(자바·베두인·사모아)이 자리했다. 스미소니언은 마을의 배열에서도 인종적 서열을 표시했던 것이다.

인종주의적 기획의 절정은 사모아 마을 옆에 위치한 동물원이었다. 페리스 관람차에서 동쪽으로 걷는 관람객들은 무어인 마을, 터키 마을, 자바섬, 사모아 섬의 부족들을 차례대로 보면서 스미소니언의 기획대로 문명에서 야만으로의 타락을 체험한다. 그리고 그 끝에서 동물원을 만나게 된다! 결국 이제까지 구경한 부족들은 인간

미드웨이에 마련된 미국 원주민촌
이미 정복당한 미국 원주민들은 인
간 진화 단계를 보여주는 전시물로
기능했다.

문명과 동물의 중간 단계로 전시된 셈이다. 문명에서 야만으로의 여행은, 곧 인간 세계에서 동물 세계로의 여행이기도 했던 것이다.[8]

이처럼 백색도시와 미드웨이의 엄격한 분리, 그리고 미드웨이 안의 인종 열람은 시카고 만국박람회에 깔린 백인 중심적 이념의 표현이었다. 이 이념은 질서-무질서, 문명-야만, 예술-오락, 백인-유색인, 서양-비서양과 같은 이분법적 사고를 재현했다. 박람회는 제국과 제국 바깥의 세계를 동시에 표현하며, 제국주의의 내면에 숨겨진 인종주의적 세계관을 펼쳐 보이는 장이었다.

★ "정복은 하나님이 내려준 사명"

1893년 시카고 박람회에서 드러난 미국의 제국주의적 세계관은 곧바로 실천에 옮겨졌다. 1898년 2월 쿠바의 아바나 항에서 발발하여 그해 12월 파리조약으로 종결된 미국-스페인 전쟁은 '세계 제국' 미국의 등장을 알리는 신호탄이었다. 그때까지 미국의 산업 생산력과 국력이 이미 유럽 제국의 능력을 넘어섰다고 알려지긴 했어도, 이를 공식적으로 증명할 기회는 아직 없었다. 그러던 차에, 비록 노쇠했다고는 하나 한때 유럽 최강대국이었던 스페인을 상대로 얻은 승리는 미국의 지위를 이론의 여지없이 확고하게 만들어주었다. 단기간의 전투로 미국은 카리브 해의 쿠바와 푸에르토리코, 태평양의 괌과 필리핀을 이양받아 명실상부한 '제국'의 입지를 굳혔다. 당시 미국의 주영대사 존 헤이John Hay가 이름 붙였듯이, 이 전쟁은 미국에게 "빛나는 작은 전쟁a splendid little war"이었다.

그러나 미국의 팽창주의 행보가 순탄했던 것만은 아니다. 전쟁 시작 전부터 국론이 주전主戰-반전파로 쪼개졌고, 종전 이후에도 제국주의-반제국주의가 첨예한 대립 양상을 보였기 때문이다. 미국의 제국주의적 행보에 대한 비판과 불만은 특히 필리핀 영토 처리 문제에서 심각하게 드러났다.

쿠바에서 미국-스페인 전쟁이 발발하자마자, 당시 홍콩을 순방 중이던 미 해군 제독 존 듀이John Dewey는 스페인의 또 다른 식민지인 필리핀으로 출동하여 필리핀의 독립운동 세력과 손잡고 수도 마닐라를 정복하는 데 성공했다. 그러나 필리핀 독립군이 300여 년에 걸친 식민 생활을 마침내 끝장냈다는 환희에 들뜬 순간, 명목상 그들의 반스페인 전쟁을 지원하고자 출동했다던 미국

필리핀으로 향하는 존 듀이의 함선 '올림피아' 호.

이 오히려 필리핀의 주권을 위협하는 세력으로 돌변했다. 미 해군은 마닐라를 장악하고 군정을 실시함과 동시에, 필리핀의 향후 지위를 명확히 규정할 미 의회의 판단을 기다렸다.

의회에는 필리핀과 기타 지역의 정복을 주장하는 주전파 정치인들이 포진하고 있었다. 사실 그때까지 미국은 유럽 제국주의의 식민통치를 비판하며, 그와 차별되는 미국의 정치적·도덕적 역할을 강조했다. 그랬던 미국이 해외 식민지를 획득에 나선 배경에는 경제적 팽창의 필요성이 작용했다.

"국내 시장은 우리의 넘쳐나는 산업을 감당하지 못한다." 1898년 필리핀 처리 문제를 두고 상원에서 토론이 벌어졌을 때, 유명한 상원의원 헨리 캐봇 롯지Henry Cabot Lodge는 이렇게 단언했다. 만일 필리핀 군도가 미국의 손아귀에 들어온다면, 그래서 "그 수천만의 거주민이 문명으로 진전하게 되면, 우리 물건을 사야만 할 것이고, 그러면 우리 본국의 제조업자들은 거대한 시장을 얻을 수 있을 것"이라며 롯지는 망설이는 매킨리William McKinley 대통령을 다그쳤다.[9] 이처럼 팽창론자들에게 필리핀은 아시아 시장으로 진입하는 관문이었으며, 쿠바나 푸에르토리코는 라틴아메리카라는 창고의 빗장과도 같았다.

당시 저명한 정치인이었던 앨버트 베버리지Albert Beveridge 역시 아시아 시장의 중요성을 다음과 같이 역설했다.

필리핀은 영원히 우리 것이다. 그리고 필리핀 너머에는 바로 중국이라는 무제한의 시장이 있다. 우리는 양쪽 모두 포기하지 않을 것이다. 우리는 오리엔트에서 수행해야 할 우리의 사명을 거부하지 않을 것이다. …… 또한 우리의 과업을 수행해나갈 것이며, 짐을 짊어지고 채찍질당하는 노예처럼 원망을 울부짖지 않고 우리 힘에 걸맞는 사명을 주시고 선택된 민족으로 삼으사 세계의 부활을 이끌도록 하신 전지전능한 하나님께 감사드릴 것이다.[10]

베버리지의 연설은, 미국의 영토 확장이 건국 이래 유지되어온 미국인의 선민의식과 "명백한 운명" 이론에 맞닿아 있음을 보여준다. 사실 미국이 산업 팽창을 위해 바다 너머로 정복사업을 펼친 것은, 과거 아메리카 대륙의 동부 해안에 당도했던 유럽인들이 계속 서쪽으로 이동해온 것과 그 역사적 맥락이 같았다. 경제적 목적에서 시작된 백인들의 서부 이주와 원주민 학살을 하나님의 이름으로 정당화했듯, 새로운 정복사업 역시 미국인이 피할 수 없는 "명백한 운명"이라는 논리였다.

물론 미국의 팽창에 반대하는 지식인과 정치인들도 있었다. 이들 반제국주의자들 중 일부는 민주주의 원칙을 내세워 인류의 보편적 정서에 호소했다. 이들은 미국의 행위가 오랜 기간 독립을 준비해온 대다수 필리핀인들의 의지에 반할 뿐 아니라, 자유민주주의 체제를 표방하는 미국의 "근본적인 원칙과 고귀한 이상을 파괴하는" 처사라고 주장했다.[11]

그러나 대부분의 반제국주의자들은 인종주의적 관점에서 정복 문제를 바라보았다. 다시 말해, 정복과 침략이 나쁜 행위여서 하지 말라는 것이 아니라, 그것이 미국에 해롭기 때문에 해서는 안 된다는 주장이었다. 뉴욕 출신 상원의원 칼 슐츠Carl Schurz는 "서인도제도의 스페인계 크리올과 검둥이들, 그리고 필리핀의 말레이족과 타갈족을 우리 정부의 경영에 참여하도록 받아들이는 문제는 무척 걱정스럽기 때문에 발걸음을 떼기 전에 직감적으로 멈추게 된다."[12]고 조심스레 주장했다. 이러한 견해에는 백인 이외의 인종은 미국적 제도와 관습을 배울 능력이 없다는 생각, 인종적인 열등성이 미국에 유입되는 것은 진보가 아닌 타락이라는 견해가 담겨 있다.

대표적 반제국주의자 가운데 한 사람인 (정치평론가) 고드킨 Edwin L. Godkin 역시 식민지 지역의 인종적·문화적 열등성에 우려를 표명했다. "(만일 필리핀을 취한다면) 이질적이고 열등하고 잡종인 인종들을 우리 국민성에 수용해야 한다. …… 아직 우리 국토도 다 개발되지 않았고, 국민도 완전히 동화되지 않았으며, 우리의 가장 심각한 정치적 문제들도 해결되지 않은 상태에서 정복과 합병 정책을 등장시키는 것"[13]은 위험하다는 것이었다. 여기서 눈

여겨볼 대목은 미국이 아직 완전히 통합되지 않았다고 말한 부분이다. 고드킨은 왜 미국이 완전히 동화되지 않았다고 말했을까? 그가 말한 가장 심각한 정치적 문제란 무엇일까?

★★ 필리핀 점령은 미국민들의 선택

고드킨의 발언은 남북전쟁(1861~1865) 이후 미국 사회에서 심화된 흑인 문제를 완곡히 표현한 것이다. 전쟁의 결과 흑인 노예들이 해방되었지만, 그들의 경제적·사회적·정치적 지위는 노예 시절과 크게 달라지지 않았다. 백인들 가운데 흑인과의 완전한 평등을 바라는 사람은 극소수였고, 남부 지역에서는 새로운 흑인 통제 방법이 등장하기 시작했다. 새로운 권리를 주장하는 흑인과 그것을 허용하지 않으려는 백인이 충돌하며 미국 내 인종 갈등이 새로운 국면으로 접어들었기 때문에, 이들은 '유색인종' 문제가 얼마나 골치 아픈 것인지 잘 알았다. 사우스캐롤라이나 주지사였던 벤 틸먼Ben Tillman이 필리핀 문제에 대해 "국가 정체 속으로 더 이상의 유색인을 수입하는 것"에 우려를 표명했던 것이나,[14] 미연방 참모총장이었던 존 딕맨John Dickman이 "네 삼촌 새뮤얼('엉클 샘')은 벌써 너무 많은 깜둥이를 거느리고 있다."[15]고 말한 것도 이러한 맥락에서 나온 우려였다.

　미국-스페인 전쟁에서 거둔 공훈과 인기를 바탕으로 나중에 대통령이 되는 시오도어 루스벨트도 혼혈의 위험성을 경고한 바 있다. 그는 세계사를 "끊임없는 민족 간의 투쟁"으로 해석했다. 서유럽을 정복한 게르만 민족 가운데 가장 강인하고 우수한 인종이 영국의 거친 풍토를 개척하며 더욱 단련되었고, 그들 가운데에서도 가장 강한 부류가 신대륙으로 건너와 서부에서 모진 시련을 겪으며 더욱 단련된 결과물이 바로 현재의 미국인이라는 것이다. 그렇게 미국인은 세계에서 가장 우수하고 강인한 민족으로 탄생하였다.

그러나 이 용광로에서 혼합된다고 해서 모두 같은 결과를 얻는 것은 아니다. 루스벨트의 견해로는 합금을 약화시키는 불순물들은 용광로에 넣지 않는 것이 바람직한데, 그 대표적인 집단이 바로 흑인이다. 백인과 흑인의 결합은 퇴보, 타락, 종의 말살을 의미한다.[16] 이미 보유하고 있는 흑인 단속도 힘겨워하던 이들로서는 또 다른 유색인종의 유입은 상상도 하기 싫은 일이었을 것이다.

하지만 역설적이게도 필리핀 통치 쪽으로 미국의 여론이 기울게 되는 계기 역시 바로 이러한 인종주의적 논지에서 비롯됐다. 제국주의자들도 반제국주의자들 못지않게 인종적 편견을 가지고 필리핀을 바라보았다. 그러나 이들은 열등한 민족을 피할 것이 아니라, 적극 교육하여 개화·계도시켜야 하는 사명이 미국에 있다고 강력히 주장했다. 이들은 우선 필리핀인에게는 자치정부를 꾸려갈 능력이 없다고 주장하고, 그러므로 미국의 지도와 교육이 필수적이라는 논리를 만들어갔다. 이 시기의 대표적인 제국주의 논객 베버리지는 이렇게 말했다.

그 자녀들에게 자율적 정부의 학구적 계획을 적용하게 하느니, 차라리 이 결합된 정원과 태평양의 지브롤터(예컨대 필리핀)를 저버리는 것이 낫다. 그들은 자율적 정부를 이끌 능력이 없다. 어떻게 그들이 할 수 있겠나? 어떤 연금술이 그 피의 오리엔트적 특성을 바꾸고, 미국인의 자율 정부 성향을 말레이 종 혈관 속으로 흐르게 하겠는가? 우리가 앵글로색슨임에도 천 년이나 필요했던 자율적 인간의 경지를 어찌 그들이 눈 깜짝할 사이에 오르겠는가?[17]

루스벨트 역시 미국의 필리핀 통치·지도·교육의 필요성을 다음과 같이 역설했다.

대다수 필리핀인이 자율적 정부에 절대적으로 부적합하며, 적합하게 될 기미는 보이지 않는다. 일부는 시간이 흐르면 적합해지겠지만, 지금으로선 단호하면서도 자비로운 현명한 감독관 밑에서 자율 정부에 참여하는 것만이 가능하다. 우리는 스페인 폭정을 군도에서 몰아냈다. 만일 우리가 지금 필리핀을 야만적 무정부 상태로 내버려둔다면, 우리의 과업은 선이 아니라 해악을 만든 것이 된다.[18]

이처럼 제국주의자들은 국민 통합 문제를 피해 가며, 대신 미국인의 우월성과 사명을 내세워 정복과 팽창을 정당화하려 했다. 필

미국의 처분만 기다리는 '원시인'
제국주의자들은 문명과 발전의 선두 주자
인 미국이 '원시인'들을 어떻게 처리할지
전세계가 주목하고 있다고 주장했다.

리핀을 독립시키는 것은 무능력자의 손에 필리핀인들을 버리는 무책임한 행동이라는 논리로 미국의 적극적 개입을 촉구했다.

상원에서 장기간 격론을 불러일으킨 필리핀 문제는, 마침내 제국주의자들의 강력한 주장으로 필리핀 점령과 통치 쪽으로 가닥을 잡았다. 마침내 미국은 세계 최강대국으로서의 의무를 스스로 떠맡는 결정을 내린 것이다.

하나님은 우리를 세계의 주도적 조직가로 만들어 무질서가 군림하는 곳에 체계를 건설하도록 했다. 하나님은 우리에게 진보의 정신을 부여하사, 지구상 전역에서 반동의 세력을 압도케 하셨다. 하나님은 우리로 하여금 통치에 능하도록 만들어 미개하고 노쇠한 민족들의 정부를 운영케 하셨다. 이와 같은 힘이 없다면 이 세계는 야만과 암흑으로 빠져들 것이다.[19]

여기서 당시 미국 '혁신주의자'들의 세계 개혁 의지를 읽을 수 있다. 국내의 혼돈과 무질서를 정리·개혁했던 혁신주의의 의지는, 그 무대를 세계로 넓히자 제국주의와 맞닿게 되었다. 도시의

미국의 통치 전후
"미국은 무엇을 위해 싸웠나?"
미국이 통치하기 전후의 각국 상황을 비교하며 제국주의를 옹호한 삽화이다. 미국의 통치를 받기 전에는 '스페인 압제' '산업 노예' 등의 짐을 짊어지고 피폐된 상태였으나, 미국 덕분에 '민주주의' '사유재산' 등의 혜택을 받는 문명화된 모습으로 바뀌었다.

슬럼이 사회악이었듯, 필리핀인의 '원시 상태' 역시 문명 세계의 수치요 악이었다.

결국 1899년 2월, 미국 상원은 필리핀을 독립군 자치정부에 넘기지 않고 미국령으로 만들기로 결정했다. 미국의 저의를 알아챈 필리핀 독립군이 어제의 동지였던 미국을 상대로 전투를 시작한 지 이틀 뒤의 일이었다. 전투는 1901년 독립군 지도자 에밀리오 아귀날도Emilio Aguinaldo가 체포될 때까지 지속되었고, 그 과정에서 수많은 필리핀인이 죽었다. "장기적 관점에서 볼 때, 문명인은 오로지 그 야만적 이웃을 정복함으로써 평화를 유지할 수 있다는 사실을 알게 된다."[20]는 루스벨트의 말이 실현된 것이다.

필리핀 점령 직후 치러진 1900년 대통령선거는, 필리핀 점령과 제국주의 문제에 대한 미국인의 의견을 묻고, 미국의 제국 건설을 주도한 공화당 행정부를 평가하는 자리였다. 여기서 반제국주의를 기치로 민주당 대통령 후보로 나섰던 윌리엄 제닝스 브라이언William Jennings Brian의 패배는 결국 미국 국민이 미국적 방식의 영토 확장과 통치를 승인했음을 의미했다. '시장 확장'이라는 경제적 목적과 '미국의 사명'이라는 이상적 슬로건의 결합은 마침내 미국을 명실상부한 제국으로 탄생시켰고, 국민의 동의를 얻어내는 데 성공했다. 혁신주의는 제국을 기반으로 전세계를 개혁의 대상으로 삼았다.

★★ '타자'의 서열화

1893년 박람회에서 제시된 인종주의적 세계관을 바탕으로 제국주의적 팽창으로 나아간 미국의 태도는 또다시 박람회를 통해 재확인된다. 민간 차원의 국가 간 교류 기회가 극히 제한적이었던 19세기 말, 박람회는 중요한 교류의 장이었다. 참가국들은 일종의 외교 행위로서 박람회 행사를 준비했다.

　1893년 시카고 박람회 당시 국무장관이던 제임스 블레인James Blaine은 박람회를 정부의 남미 정책을 홍보하고, 미국인들에게 남미의 문화와 경제를 알리는 기회로 삼았다. 미국정부관에는 남미 국가들의 관세와 통행세 등 무역 일반에 대한 자세한 설명과 함께, 남미의 특산물들이 전시되었다. 미국정부관 외에도 별도의 남미 홍보관이 백색도시의 여섯 개 건물에 걸쳐 자리잡고 있어, 남미 국가들과의 무역 증진에 미국 정부가 얼마나 노력을 기울였는지 짐작할 수 있다.[21] 이처럼 미국은 국민들에게 대외 관계 및 정책을 홍보하고 교육하는 장소로 만국박람회를 활용했다.

반면, 앞서 살펴보았다시피 박람회는 다른 나라에 대한 편견을 조장하고 '교육'하는 장이기도 했다. 대표적인 나라가 중국이다. 백색도시에 격식을 갖춰 차려진 남미 전시장들과 대조적으로, 중국은 하나의 '마을'로 미드웨이의 난장판 가운데 전시되었다. 시카고 박람회 개최 직전인 1892년에 기존의 〈중국인이민금지법〉(5장 참고)을 확대 적용하는 것을 골자로 하는 〈기어리법Geary Act〉이 통과되며 양국 관계가 악화되었기 때문에, 중국 정부는 박람회 공식 참가를 거부한 상태였다.

결국 상인들이 나서서 중국인 마을을 조성했으나, 여기서 펼쳐진 공연과 전시물들은 미국인들의 비웃음과 조롱을 받았다. 공연에 쓰인 타악기는 "끔찍한 소음"을 냈으며, 공연의 배역을 맡은 배우들은 "재능 없고" "무미건조한" 연기를 보였다고 평가받았다. 중국 마을 이 층에 재현된 절집에는 극락과 지옥이 모두 표현되었는데, 극락에 있는 "중국인의 신神"도 "악마"처럼 생겼다고 현지 언론은 보도했다.[22] 관람객들이 중국에 보인 차가운 반응은 황인종에 대한 '황색공포'와 이에 따른 〈이민금지법〉 시대에 일반 미국인들이 가졌음 직한 편견의 표현이기도 했다.

중국에 대한 편견 어린 시선은 1904년 세인트루이스 만국박람회

황제의 여름별장을 본뜬 중국 전시장
1904년 세인트루이스 박람회에 참석한 중국이 건설한 전시장이다. 북경에 있는 여름별장과 비슷하게 지어졌다.

때에도 이어졌다. 세인트루이스 박람회는 미국의 본격적인 서부 시대를 연 1803년의 루이지애나 매입 100주년 기념 행사로 기획되었다. 이 매입으로 미국은 기존 영토의 3분의 1에 달하는 광활한 영토를 프랑스에게서 평화적으로 이양받았다. 이 만국박람회에 중국은 처음으로 공식 참가했다. 중국 정부는 왕자 푸룬Pu Lun을 위시한 황실 참가단을 파견하고, 황제의 여름별장을 본뜬 대규모 건축물을 짓는 등 적극적인 자세를 보였다. 이에 대한 미국 언론의 반응도 11년 전만큼 적대적이지는 않았다. 특히 미국인들은 중국 황실에 지대한 관심을 보이며, 왕자와 수행원들의 의상과 장신구를 "아름답다" 혹은 "우아하다"고 평가했다.

그러나 중국에 대한 일부 긍정적 평가는 황실에 국한되었고, 중국의 일반 상인이나 하층민 기술자들이 보여주는 문화에 대해서는 조잡하고 부정적인 인상이라는 사실을 숨기지 않았다. 행사에

백색도시 섬에 마련된 일본 전시장(왼쪽)과 전시장 안내책자(오른쪽).

참가한 중국인들은 일반 관람객들이나 세인트루이스 시민들과 마주칠 때마다 조롱당하고, 심지어 그들이 던진 물건을 피해야 하는 시련을 겪었다. 중국 예술품을 감상한 평도 기껏해야 "특이하다"와 "신기하다" 수준이었다.[23] 미국에서 중국은 영원한 타자였다.

반면 일본은 이미 1893년 시카고 박람회 때에도 미드웨이가 아닌 백색도시의 호수 위 섬에 따로 전시관이 마련되는 대접을 받았다. 관람객들의 반응도 일본 문화의 우수성과 그 예술품의 독특한 미학에 대한 칭송 일변도였다. 낯선 아시아인에게 경계심을 풀지 못하던 일반 관람객들도 일본의 예술을 관람한 뒤에는 "그들이 그렇게 나쁘다고 생각하지 않는다. 그렇게 아름다운 작품을 만든 사람들이 그렇게 사악한 이교도일 리 없다."며 일본인에 대한 인식을 바꾸는 예가 허다했다.[24]

그렇다면 왜 일본은 중국과 다른 대접을 받았을까? 미국인들이 일본을 높이 평가한 데에는 단기간에 이룩한 일본의 경제 발전과 서구화에 대한 긍정적 인식이 깔려 있었다. 일본의 전시물들은 일본이 서양 기술을 받아들여 모방하고 또 나름대로 변형·발전시키고 있음을 보여줌으로써, 궁극적으로 서양의 기준과 가치가 수용되고 있음을 증명했다. 일본은 스스로 "민주적"이며 "도덕적"이고 "청결한" 민족임을 증명했으므로, "동양의 양키" 혹은 "아시아의 서양 파트너"로 불려 마땅했다.[25]

다시 말해, 일본은 동양에서 서양으로 급속히 '진보'하는 나라였기에, 스미소니언의 인류학적 기준으로 보더라도 중국보다 우대받는 것이 당연했다. 그런데 당시 일본이 한국을 비롯한 주변 국가들을 상대로 제국주의적 정책을 펼쳐 나가고 있었다는 점에서, 이와 같은 미국의 일본관은 흥미로운 관점을 제시한다. 한 나라에 대한 외교적 평가가 얼마나 미국과 유사한지에 따라 좌우되는 문명적 평가와 함께 진행되었던 것이다.[26]

재미있는 것은, 일본이 이러한 미국의 생각을 꿰뚫어 보고 있었다는 점이다. 일본은 자신들의 서구화 노력을 강조하여 부각시켜야 서양인들에게 큰 점수를 받는다는 점을 적극 활용했다. 1904년 세인트루이스 박람회 당시의 일화는 이러한 일본의 전략을 잘 보여준다.

당시 박람회 개최 측은 참가 신청과 통지를 체계적으로 관리하고자 참가 의지가 있는 국가들에게 전체 일정에서 정해진 기일을 꼭 지키도록 여러 차례 안내했다. 하지만 박람회 참가국 가운데 마감일을 지킨 국가는 일본뿐이었다고 한다. 다른 서양 국가들도 지키지 않은 마감을 지킨 일본에 미국인들은 큰 존경을 표했다. 이

러한 높은 평가를 바탕으로, 일본은 러일전쟁(1904~1905. 한국과 만주
의 분할을 둘러싸고 러시아와 일본이 벌인 전쟁)에서 일본의 정당성을 확
보하는 선전전 차원에서 박람회에 임했다.

1904년 개최된 세인트루이스 박람회는 서양 문명의 과거 발전상
을 되새기고, 미국이 앞으로 나아가야 할 길을 확인하는 자리라는
점에서 일본의 박람회 참가 목적과 크게 다르지 않았다. 스미소니
언이 정한 세인트루이스 박람회의 모토는 "인간과 그 산물들에
대한 고고학, 민족학 박물관"이었다. 이에 따라 박람회 주제도 '인
간 발달과 진화'로 정해졌다. 박람회의 인류학적 구성을 담당했던
W. J. 맥기McGee의 이야기는 세인트루이스 박람회가 표방한 이념
을 단적으로 보여준다.

인종주의적 세계관과 역사관의 소유자였던 맥기는, 인간의 역
사는 서로 다른 인종 사이에 서로 다른 능력이 존재한다는 것을
증명해 보였다고 말했다. "백인이 황인yellow man보다 더 많이 더
잘하며, 황인이 홍인이나 흑인보다 더 많이 더 잘할 수 있다는 것
은 흔히 관찰되는 바이다." 즉, 맥기는 문화의 진전을 특정 인종의
성취와 동일시한 것이다.[27]

★★ 필리핀 전시장이 입증한 미국의 '문명화 사명'

이러한 맥기식 분류가 가장 잘 표현된 곳은 세인트루이스 만국박

박람회장 호수 안에 섬으로 만들어진 필리핀 박람회장.

람회 안에서 가장 충격을 불러일으키고 인기를 끌었던 박람회 안의 박람회, 바로 '필리핀 박람회Philippine Exposition; Philippine Reservation'였다. 1904년은 미국이 필리핀을 점령하고 통치하기 시작한 지 벌써 4년째로 접어든 시점이었다. 미국의 필리핀 통치에 대한 부정적인 여론을 잠재우고, 미제국주의의 도덕적·인종적·정치적 합리성을 국내외에 알리고자 기획된 필리핀 박람회는 다른 참가국들의 전시장과 달리 미국 정부가 직접 기획하고 운영했다.

필리핀 박람회장의 규모는 실로 방대했다. 전시장은 인조 호수 한복판에 떠 있는 190제곱킬로미터에 달하는 섬 위에 단독으로 마련되었고, 그곳에 수십 개 부족 출신의 필리핀 원주민 1,200명이 옮겨와 박람회 기간 내내 실제로 거주했다. 섬의 한가운데에는 필리핀 수도 마닐라를 상징하는 마닐라 성城이 재현되어 서양 문명이 전파되는 중심지를 표방했고, 그 둘레에는 그보다 원시적인 부족민들이 여섯 개의 부락에 나뉘어 수용되었다. 이 섬은 다른 전시장에서 떨어진 곳에, 다리를 통과하여 입장하도록 만들어졌기 때문에 입장객들은 마치 외국에 가는 기분이었다. 필리핀 박람회는 그 규모 면에서 사상 최대의 인류학적 전시장이었다.[28]

필리핀 전시장 내부도 맥기식 분류법과 서열화에 따라 꾸며졌다. 각 부족들은 그 '야만' 정도에 따라 분류되었다. "지능이 가장 높은" 비사얀, "모하메트 맹렬 추종자인" 모로, "야만인" 바고보, "원숭이 같은" 네그리토, "만화 같은" 이고로트……. 필리핀 원주민들이 자연 그대로의 생활상을 재연해 보이고자 거의 벌거벗은 채로 전통 춤을 추고, 벼농사를 짓고, 아이를 양육하고, 활을 쏘고, 개를 잡아먹는 동안 백인 관람객들은 그 사이를 누비며 구경했다.

필리핀인의 후진성을 강조하고자 때로는 그들의 야만이 조작되기도 했다. 일례로 박람회 기간에 갑자기 날씨가 나빠져, 국소 부위만을 가린 전통 의상을 입고 생활하던 필리핀 원주민들이 추위에 떨었다. 그들이 살던 필리핀 군도에 비하면 세인트루이스의 여

"야만에도 서열이 있다!"
필리핀 전시장에 '전시'된 부족들은 맥기식 분류법과 서열화에 따라 배치되었다. '야만' 정도가 심한 이고로트족(위)과 좀 더 문명화된 모로 부족(아래)은 옷차림부터 다르다. 위 사진에서 백인 숙녀들이 전통 복장 차림의 부족 청년들을 망원경으로 관찰하고 있다.

름은 너무도 추웠다. 원주민들에게 다른 의복을 지급할 것인지를 두고 박람회 관계자들 사이에 토론이 벌어졌다. 하지만 논의 결과, 야만의 상징이라 할 최소 부위만을 가리는 전통 의상을 그대로 입히는 것이 더 중요하다는 결정이 내려졌다. 필리핀인들에게 겨울 옷은 지급되지 않았다.[29]

또 다른 웃지 못할 일화는 필리핀판 '보신탕 사건'이다. 평소 개를 잡아 스튜로 끓여 먹던 이고로트 부족은 세인트루이스에 와서도 그 풍속을 유지하기로 했다. 그러나 인공 도시에 개가 흔할 리 없었다. 이웃 독일 부락에 가서 세퍼드를 사냥하기도 했지만, 이도 곧 씨가 말랐다. 박람회 측은 필리핀의 야만성을 보여줄 소재로 보신탕만큼 좋은 것이 없다고 판단하고, 정기적으로 스튜용 개를 제공하기로 결정했다. 매주 1회 개 한 마리가 도착했고, 정해진 일정에 맞춰 개 잡는 행위가 백인 관람객들에게 공개되었다. 자연스러운 풍습이 일종의 공연으로 재탄생하는 순간이었다.

필리핀 박람회는 필리핀인들의 야만성을 강조하는 한편, 또한 이것이 적절한 지도와 교육으로 개화될 수 있다는 것을 보여주고자 했다. 필리핀인의 문명화 가능성을 구체적으로 증명한 이들은, 미군 장교에게 훈련받은 뒤 필리핀 자체 경비를 맡고 있던 현지인 정찰대와 경찰대였다. 필리핀에서 건너온 700명의 정찰대와 경찰대원들 역시 인공 섬에 거주했지만, 이들은 정해진 행군과 악단 연주 시간에만 관중에게 공개되었다. 이들이 익힌 서양식 태도와 질서정연함은 야만성을 강조한 다른 부족민들과 대조되어, 미국의

이고로트 족의 개 스튜 만드는 광경

부족 사람들이 개의 목을 따서 피를 뺀 뒤 큰 솥에 넣고 스튜를 만든 뒤, 뼈를 발라가며 먹고 있다. 아래 사진을 보면 백인 관람객들이 가까운 거리에서 즐거운 표정으로 이 과정을 지켜보고 있다.

필리핀 박람회 팸플릿(위)과 개종한 필리핀 여인들(아래)
팸플릿의 맨 앞 장에는 문명화 이전의 부족민 모습을, 맨 뒷장에는 미국의 교육을 받고 서양화된 필리핀 정찰대원의 모습을 실었다. 아래 사진은 기독교로 개종한 비사얀 부족의 여인들이다. 이들은 박람회장을 찾은 관람객들에게 영어로 인사를 건넸다.

필리핀 통치가 가져온 긍정적 영향을 입증했다.

필리핀 전시를 홍보했던 팸플릿은 이러한 의도를 적나라하게 드러냈다. 팸플릿 맨 앞 장에는 '미국 통치 이전'을 상징하는 단정치 못한 이고로트 부족의 모습이, 그리고 맨 뒷장에는 '미국 통치 이후'를 표현하는 현지인 정찰대의 규율 잡힌 얼굴이 찍혀 있었다. 또한 전시장 안에서는 기독교로 개종했다는 비사얀 부족의 여인들이 빅토리아풍 드레스를 입고 다소곳한 태도로 관람객들에게 영어 인사를 건넸다. 이는 필리핀 현지에서 미국식 학교 교육이 효과를 거두고 있다는 증거였다.[30] 이로써 박람회는 단지 인종적 서열을 전시하는 데 그치지 않고, 교육을 통한 문명화라는 미국의 새로운 국제적 임무를 부각시키는 기능도 수행하였다.

이처럼 필리핀 박람회는 필리핀 원주민의 본래 상태를 최대한 야만적이고 후진적으로 묘사하고, 이를 미국 점령 이후의 '개화된' 모습과 대비시키는 방법으로 미국의 필리핀 통치가 가져온 긍정적 영향과 교육 효과를 강조했다. 박람회는 미국 국민을 향해, 그리고 세계를 향해 최신 미국 제국주의의 성과를 자랑스럽게 내보였다. 세인트루이스 박람회의 필리핀 전시장은 미 제국주의에 '야만의 문명화'라는 사명을 부여하는 역할을 담당했던 것이다.

혁신주의 시기, 미국의 만국박람회는 미국의 세계관과 역사관을 재구성하여 전시하는 무대였다. 이 무대에서 중요한 사상적 도구로 작용한 인종주의적 인류학은 진화론에 따라 지구상 모든 생물의 진화 정도를 비교·평가하고, 이를 계서화했다. 이 논리는 가장 진보한 문명이 가장 미개한 문명을 통치·교육하는 것이 불가피하다고 말함으로써 제국주의를 정당화했다. 박람회는 이런 성과를 표현하는 장소를 제공하여, 미국이 제국주의적 정책을 국민과 외국에 알리고 그 타당성을 인정받을 수 있게 해주었다.

4

내부의 타자만들기

서부 · 남부 · 식민지 합병에 작용한 '통합과 배제'의 원리

★★ 미국사, 끝없는 팽창의 역사

살펴본 대로 20세기 말 미국은 필리핀을 점령·통치하고, 푸에르토리코를 식민 지배했다. 그런데 왜 미국은 이 나라들을 미국의 51번째, 52번째 주로 복속하지 않았을까?

이 질문에 답하려면, 미국의 역사를 조금 거슬러 올라가서 미국 영토 안에서 진행된 국민 통합 과정을 먼저 살펴봐야 한다.

"미국의 역사는 끊임없이 전진하는 개척지와 함께 진전해왔다." 는 프레더릭 잭슨 터너의 분석을 다시 끄집어내지 않더라도, 당시 미국이 직면한 남다른 조건, 즉 변화하는 국경과 팽창하는 영토의 중요성을 무시할 사람은 없을 것이다. 곧 미국은 이미 국경이 정해져 있는 유럽의 다른 국가들과는 다른 영토 개념을 갖고 있었다. 미국에게 '영토'는 끊임없이 정복하고 넓혀야 하는 것이었다.

어떤 미국 학자는 미국 역사에서 끝없이 진행된 서부 팽창 과정을 이렇게 표현한다. "가정성/국내성domesticity은 정체된 상태가 아니다. 그것은 야생, 자연, 외래적인 것을 정복하고 길들이는 교화의 과정이다."[1]

영어에서 '국내의, 내무적內務的'을 뜻하는 domestic, domesticity라는 단어는 '집안, 가정, 가정적임'을 의미하기도 한다. 따라서 그 반대말은 '길들여지지 않은, 야생적인', 혹은 '외국의'가 되는 것이다. 집 밖의 야생을 가정적인 것으로 길들이는 것, 또한 외래적인 것을 미국의 것으로 통합시키는 것, 그것이 바로 서부 정복의 과정이며 미국사의 여정이었다.

하지만 팽창은 통합의 과정만은 아니었다. 그것은 동시에 배제의 과정이었다. 미국의 영토가 광활한 서부로 확장될 때마다 그곳의 원주민들은 미국의 일부로 흡수되지 못하고 새로운 변두리로 밀려나야 했다. 1830년대에 원래 거주지에서 쫓겨나 미시시피 강 서쪽으로 이주했던 원주민들은, 1880년대와 1890년대에 또다시 대대적으로 철거당했다. 미시시피 강 서쪽으로 옮기기만 하면 "물이 흐르고 풀이 자라는 한" 거주를 보장해주겠다던 약속을 미국 정부는 지키지 않았다. 마지막까지 저항했던 부족이건, 순순히 미 정부의 명령을 따랐던 부족이건 간에 모두 '원주민 보호구역' 안에 갇히는 신세가 됐다. 이렇게 원주민이 완전히 밀려난 다음, 서부는 미국 백인들의 새로운 영토가 되었다.

미국의 역사 전 기간에 걸쳐 진행된 서부 정복의 역사를 여기서 다 서술할 필요는 없다. 다만 원주민이 삭제된 이후 백인들이 어떻게 이 공간을 미국화했는지, 여기서 만들어진 '미국적인 풍경'은

서부 정복으로 쫓겨난 사람들

1886년 9월 남태평양 철도 옆에 앉아 있는 아파치 인디언
죄수들. 이중에는 플로리다에서 쫓겨난 인디언들도 있었다.

어떤 것이었는지 살펴보려 한다.

★★ 미국의 꿈을 분배한 〈자영농법〉

1862년 5월 20일 제정된 〈자영농법Homestead Act〉은 미국 정부가 백인의 서부 진출을 본격화하고자 마련한 법이다. 그래서 이른바 '미개척지'로 이주하여 농토를 일굴 사람들에게 거의 무상으로 땅을 불하하는 원칙을 정했다. 미국이 남북으로 나뉘어 내전을 겪고 있던 시기에 북부 중심의 공화당 행정부가 추진한 이 법은, 대농장 체제의 남부를 견제하는 동시에 전후의 통일 국가를 준비하는 계획의 일부이기도 했다.

〈자영농법〉의 내용만 본다면 그야말로 보통 사람들의 시대가 열렸다고 평가할 수 있다. 한 가정의 가장으로서 만 21세 이상인 미국 시민이라면, 아니 시민이 될 의사만 있다면 누구나 160에이커(약 19만 5천 평)의 토지를 불하받을 수 있었다.[2] 유일한 단서 조항은 미국 정부에 대한 반란에 가담하거나 적군에 도움을 준 적이 없어야 한다는 것이었는데, 이는 '반란' 중인 남부에 대한 응징이었다. 하지만 전쟁이 끝나고 남부가 다시 연방체제로 복귀한 이후에는 미국 내 성인 남성이라면 누구나 이 혜택을 받을 수 있었다. 가히 '꿈의 땅' 미국이 실현되는 순간이었다.

　하지만 현실은 그리 녹녹하지 않았다. 우선 미개척지에 정착하는 것 자체가 쉽지 않은 일이었다. 원주민의 흔적 외에는 아무런 기반 시설이 만들어져 있지 않은 거대한 땅덩어리는 무한한 기회를 제공했을지 모르지만, 동시에 불편한 생활과 각종 고난이 기다리는 공간이기도 했다. 〈자영농법〉이 던진 마력에 이끌려 포장마차를 타고 서부로 달려간 가족 중 운 좋게 정착에 성공한 이들도 있었으나, 실패하고 다시 동쪽으로 귀환하는 행렬도 무시할 수 없을 정도로 많았다.

'열린 공간'은 그만큼 불안정하고 예측 불가능한 법이다. 토지의 질도 지역마다 천차만별이었다. 사실 미국에는 아직도 이 법이 존재한다. 즉, 어딘가 사용되지 않는 땅이라면 소액의 등록비만 내고 160에이커를 차지할 수 있다는 뜻이다. 물론 아직까지 남아 있는 토지는 동토 알래스카나 내륙의 사막 어디쯤이겠지만 말이다. 어쨌든 이처럼 토지를 거의 무상으로 나누어주었다는 사실은 한세기 반 전 서부 지역을 포함하여 미개척지에 정착하는 것이 그만큼 어려운 일이었음을 반증한다.

〈자영농법〉의 대규모 토지 불하와 개간을 바탕으로 하는 성책의 문제점을 지적하는 역사가들도 있다. 법이 실행된 후 소읍 규모의 행정구역이 하루아침에도 여러 개가 생겨날 정도로 〈자영농법〉의 파급 효과는 엄청났다. 이 법의 실행으로 개발된 토지만도 3천만 에이커에 달한다. 그런데 대규모 단위 개발을 기본으로 했기 때문에, 대부분 환경을 고려하지 않은 난개발이었다. 난개발은 당장은 아니어도 언젠가 깊은 후유증을 드러낸다.

실제로 1930년대에 흙먼지를 동반한 돌풍이 서부를 휩쓸어 여러 해에 걸쳐 흉작과 기근이 이어졌는데, 그 원인이 〈자영농법〉으로 인한 대규모 개간에 있었다. 원주민식의 자연 친화적인 토지 이용 방식을 '비효율'과 '전근대'로 폄하하고, 오로지 자본주의적 개척과 개발만을 중시한 백인들의 '근대적' 사고방식이 부른 재앙이었다.

서부의 자연과 생태계를 황폐화시킨 것은 대규모 개간만이 아니었다. 자연과 무관한 듯 보이는 철도의 확장이 더 큰 피해를 가져왔다. 굉음을 울리며 앞으로 나아가는 거대하고 육중한 검은 물체의 등장, 그것은 백인 시대의 개막을 알리는 서부의 이미지였다. 철도의 확장은 백인의 진출과 함께, 서부 대평원을 가득 채우고 있던 아메리카들소 떼의 축출을 의미했다. 그리고 들소 떼의 소멸은 곧 원주민의 멸종으로 이어졌다. 들소는 음식과 의복, 심지어 오두막집을 짓는 재료까지 원주민들이 생활하는 데 소용되는 모든 것을 제공하는 생활 근거였기 때문이다.

실제로 당시 서부 주둔군 사령관은, 들소 학살이야말로 가장 효과적인 원주민 축출 방법이라고 결론지었다.

이 사내들(들소 사냥꾼)은 골치 아픈 원주민 문제를 해결하는 데 지난 30여 년 동안 모든 군대가 한 일보다 더 많은 성과를 거뒀다. 그들이 원주민의 식량을 고갈시키고 있기 때문이다. 보급품을 잃은 군대가 완전히 불리한 처지에 놓인다는 것은 불 보듯 뻔한 일이다.

정착에 성공한 가족(위)과 실패하고 돌아가는 가족(아래)

그러나 정착민이나 귀환민 모두 힘든 여정을 거쳐야 했다.
실패하고 돌아가는 가족의 포장마차에 떠난 날짜와 도착한
날짜가 적혀 있다.

······ 사냥꾼에 뒤이어 발전된 문명의 제2기수로 얼룩소와 즐거운 카우보이들이 들판을 뒤덮게 될 것이다.[3]

그리하여 빠른 시일 안에 들소를 멸종시키고자 학살 전문 사냥꾼을 동원하고, 사냥 대회를 개최하였다. 누가 더 빨리 더 많은 들소를 죽이는지 시합을 벌였다. 때로는 한곳에 모여 잠자거나 쉬는 들소 떼를 향해 무차별 사격을 가하기도 했고, 느린 속도로 움직이는 기차 위에 서서 평원에 있는 들소들에게 총을 쏘기도 했다. 1시간 15분 동안 계속된 사격 끝에 88마리의 들소 시체가 나뒹굴었다거나, 사방에 들소 사체가 널브러져 메스꺼운 피냄새와 고기 썩는 냄새가 진동했다거나, 1,500여 명의 사냥꾼이 부채꼴로 서서 평원을 향해 한꺼번에 총질을 했다거나, 죽은 들소에서 벗긴 가죽을 쌓았더니 무려 4에이커(16만 제곱미터)에 이르는 산이 생겼다는 등의 무시무시한 이야기들이 기록으로 남겨졌다.[4]

★★ 서부 개척의 논리와 이데올로기

'개척'이라는 이름으로 행해진 서부 공간의 백인화와 관련하여 중요하게 재고해야 할 또 다른 문제가 있다. 앞에서 〈자영농법〉이 내용상 '보통 사람들의 시대'를 열었다고 했는데, 실제로 보통 사람들이 이 법의 혜택을 가장 많이 보았는가 하는 것이다. 통계적

들소 학살
백인들의 서부 진출은 서부 대평원
의 또 다른 주인이었던 아메리카들
소 떼의 축출로 이어졌다.

황야를 달리는 육중한 쇳덩어리와 이 기차에 밀려나는 들소 떼는 새로운 서부 역사의 시작을 상징했다. 사냥꾼들은
기차 위에서 들소들을 향해 무차별 사격을 가했다.

으로 보았을 때 〈자영농법〉의 가장 큰 수혜자는 목축업자들과 주
요 철도회사들이었다. 들소와 원주민이 쫓겨난 넓은 들판은 얼룩
소로 채워졌다. 목축업자들은 얼룩소를 방목해서 엄청난 이윤을
남겼다.

목축업자들보다 더 큰 돈을 벌어들인 이들은 철도회사였다. 〈자
영농법〉이 통과된 지 불과 한 달 반 만에 통과된 〈태평양철도법
The Pacific Railway Act〉(1862년 7월 1일)은, 미시시피 강과 태평양 사
이의 전신선 및 철로 건설을 맡는 회사에게 토지를 수여하도록
했다. 이 법에 따라 가설되는 철로 주변 200피트(60미터)의 땅이
철도회사에 무상으로 주어졌다.[5]

아무런 편의시설이 없는 대지에 철로를 놓는 고된 노동을 담당
할 철도회사를 고무시키려고 마련한 이 법은, 철도회사를 거대 부
동산회사로 만드는 결과를 낳았다. 서부 진출이 본격적으로 시작

서부 개척의 최대 '수혜자' 밴더빌트
대륙횡단철도 건설 독점으로 갑부가 된 코넬리어스 밴더빌트가 정치인들을 바지 주머니에 넣고 꼭두각시로 만들었음을 풍자하고 있다. 철도 앞에 세워진 간판에는 이렇게 적혀 있다. "이 길로 지나가려면 내가 내라는 대로 요금을 내야 한다."

되면, 이동로인 철도를 중심으로 새로운 주거지들이 생겨나고, 그러면 철로 주변 땅을 소유한 철도회사들이 웃돈을 붙여 팔아 엄청난 이득을 챙길 것이 뻔했다.

철로를 놓는 작업은 동부에서 가장 차별받던 아이리시(아일랜드계) 이민들과 서부에서 가장 천대받던 중국인 이민자들이 담당했다. 이들은 다른 노동자들보다도 적은 임금을 받고 가혹한 노동 착취를 견뎌내며 모든 이가 기피하던 일을 해냈다. 그러나 철로 건설로 이득을 챙긴 쪽은 이들 이민자도, 철도 진출과 함께 서부 영토에서 160에이커씩의 땅을 차지한 '개척자'들도 아니었다. 말했다시피, 〈자영농법〉과 〈태평양철도법〉의 최대 수혜자는 밴더빌트Vanderbilt 같은 철도 재벌이었다.

서부 개척 사업은 경제 법칙에 따라 자연스럽게 진행된 과정이라기보다, 정부의 강력한 정책으로 방향이 결정된 측면이 강했다. 정부의 정책은 철도 재벌을 비롯한 대자본에 힘을 실어주는 쪽으

건물을 장식한 들소 머리(왼쪽)와 무차별적인 학살로 작은 동산을 이룬 들소 가죽(오른쪽).

로 기울었다. 서부는 마치 모든 이들이 품은 '미국의 꿈'을 달성시켜줄 공간인 양 선전되었으나, 그 꿈의 분배 과정에는 항상 배제와 통합의 논리가 동시에 작용하였다.

그런데 이렇게 개발 논리를 앞세워 서부를 '정복'하는 데에만 골몰하는 듯 보이던 미국 정부가, 19세기 후반 들어 갑자기 자연보호와 보존의 논리를 발전시킨다. 이 시기, 미 전역으로 자연보호운동이 확산되는 데에는 1901년 대통령에 취임한 시어도어 루스벨트의 공이 컸다. 루스벨트는 일찍이 1880년대에 야생동물 사냥에 나섰다가 서부의 자연이 그간 얼마나 훼손되었는지 깨달았다. 그가 사냥하려던 곰이나 들소는 이미 멸종 위기에 처했고, 서부의 환경은 무계획적이고 무제한적인 개발로 황폐해져 생명체가 살기 어려운 공간이 되어 있었다. 그는 큰 충격을 받았다.

"우리는 우리 자원을 낭비한 덕분에 위대해졌습니다. 그러나 이제는 숲이 사라지고, 석탄·철·석유·가스가 고갈되고, 토양이 거칠어져 강물로 씻겨가버리고, 강을 오염시키고, 들판을 헐벗게 만들고, 수로를 가로막으면 어떤 일이 벌어질지 심각하게 질문해 봐야 할 때입니다.”

자연보호는 백악관에 입성한 루스벨트의 중요 정책 가운데 하나가 되었다. 그는 조류보호지 51곳, 사냥금지구역 4곳, 국립수목지 150곳을 지정하여 생물을 보호하고 개발을 금지시켰다. 또한 연방수목청을 설립하고, 5곳의 국립공원을 만들었으며, 18개의 국립유적지를 지정했다. 이런저런 정책을 수립하여 루스벨트가 공공의 이름으로 보호하도록 한 영토는 무려 2억 3천만 에이커(약 9억 제곱킬로미터)에 달했다.

자연과 더불어 조화로운 삶을 추구하던 원주민들을 몰아내고 생태계를 파괴한 백인들이 불과 40년도 지나지 않아 자연보호에 나섰다는 것은 분명 아이러니한 일이다. 그러나 루스벨트와 같은 자연보호 운동가의 의도는 개발 논리에 대한 후회나 재고가 아닌, 백인식 개발의 완성에 있었다. 국립공원과 보호지의 설립이, 계획과 통제라는 서부 정복 논리의 연장선상에 있었기 때문이다. 원주민식의 자연친화적 삶은 부정하되, 한정된 공간에서 체험하고 즐기는 자연을 유지하려는 것이 바로 이들의 목적이었다.

루스벨트는 단지 자연이 아름답기 때문에 보존하자고 한 것이 아니다. 인류사를 인종 간의 투쟁의 역사로 인식했던 그는, 미국인이 지구상에서 가장 뛰어나고 우수한 인종이라고 믿었다. 로마→게르만→앵글로색슨으로 이어진 당대의 가장 우수한 인종이, 마침내 아메리카 대륙에 와서 거친 자연과 원주민을 상대로 투쟁

미국의 야성을 일깨우라!

국립공원운동의 기수였던 대통령 루스벨트(왼쪽)가 자연보호 운동가 존 뮤어John Muir와 함께 요세미티 국립공원에 섰다.

하며 유럽에서는 찾아볼 수 없는 최고의 품종 개량을 이루었다는 것이다. 그런데 19세기 말에 이르러 이 우수한 인종이 나약해지는 징후를 보였는데, 루스벨트는 그것이 지나친 도시화의 결과라고 판단했다. 미국인을 미국인으로 만든 거친 자연과의 투쟁 기회가 줄어든 것, 그것이 바로 문제였다.

루스벨트는 공원이나 숲으로 캠핑을 가서 말을 타고 야생동물을 사냥하고 거친 자연을 경험하는 것이, 미국인의 야성을 깨우고 단련시켜 더 뛰어난 우성인자로 만드는 데에 중요한 역할을 한다고 믿었다. 이것이 그가 쿠바 전장으로 달려간 이유이기도 했다. 루스벨트의 자연보호운동은 이처럼 백인 중심의 정체성 형성에 기여하도록 지속적으로 서부를 동원했다. 결국, 자연의 개발과 보존은 모두 같은 이념의 산물이라 할 수 있다.

★* 대법원이 용인한 흑백분리 정책

19세기 후반 서부의 과제가 원주민을 몰아내고 철로를 놓아 백인의 공간으로 바꾸는 것이었다면, 남부는 조금 다른 과제를 안고 있었다. 남북전쟁(1861~1865) 이후 남부의 가장 중요한 과제는 전쟁의 결과를 제대로 평가하고 폐허를 복구하는 한편, 다시 미연방 체제로 복귀하여 남부를 다시 살 만한 공간으로 만드는 것이었다. 면화 재배의 특성상 흑인들의 노동력에 전적으로 의존하던 남부의 경제 구조는 1863년 1월 1일 발표된 〈노예해방선언〉으로 붕괴되었으며, 공업 면에서 앞선 북부의 식민지적 처지에 놓이게 되었다. 종전 직후 에이브러햄 링컨(1809~1865)이 사망하며 그가 내놓은 남부 재건안이 묵살되고 남부는 군정, 다시 말해 북부의 지배를 받게 되었다. 자존심 강한 남부인들이 링컨의 당이자 '깜둥이 당'인 북부의 공화당을 받아들일 수 없어, 무조건 민주당을 지지하는 '솔리드 사우스solid south'(남부 1당 체제)가 된 것도 이때이다.

남부가 직면한 과제 중 가장 복잡하고 난해한 문제가 인종 문제였다. 전쟁을 불사할 만큼 남부 백인들에게 중요했던 흑인 노예제도는 남북전쟁으로 무너지고, 모든 노예는 해방되었다. 비록 원치 않은 결과였어도, 패전한 이상 연방정부의 명령에 더는 불복할 수 없는 노릇이었다. 이제 남부의 백인과 흑인은 어떻게 공존해야 할 것인가. 과연 '해방령'(해방선언) 하나로 300여 년 이상 지속되어온 흑백 관계가 하루아침에 평등한 관계로 바뀔 수 있을까?

답부터 전하자면, 남부 백인들이 내린 결론은 "바뀔 수 없다"였다. 헌법 수정조항 하나로 사람들의 마음과 머릿속이 한순간에 바뀌지는 않았다. 이 때문에 19세기 말부터 20세기 초반 사이에, 남부에서는 법적으로 동등해진 흑인들을 다시금 백인의 발아래로 꿇어앉히려는 온갖 수단들이 동원되었다. 흑인들은 채무를 잔뜩 지고 종속적인 소작농이 되었고, 투표권은 박탈되거나 부정되었다. 사회생활 전 영역에서 백인과 흑인의 공간이 분리되어, 서로 다른 시설을 이용하도록 강제됐다. 주 단위의 법들은 이러한 흑백

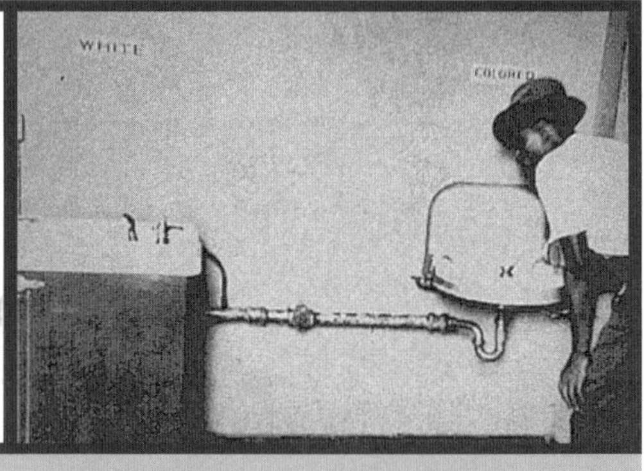

'분리하되 평등한separate but equal'
유색인 시설에서 물을 마시고 손을 닦는 흑인. 노예해방 이후로도 남부 지역에서는 흑인과 백인의 분리 정책이 계속되었다. 모든 공공장소에서의 흑백분리를 원칙으로 하는 이 정책은, 분리하되 평등하기만 하면 형평성의 원칙에서 어긋나지 않는다는 대법원의 판결로 정당화되었다. 그러나 이는 사실상 흑인에게 불평등한 지위를 부여한 것이었다.

분리를 위반하는 사람들을 처벌하는 규칙들을 만들었다.

세기말 흑백분리의 합법성에 도전한 '플레시 대 퍼거슨Plessy vs Ferguson 사건'은, 남부의 손을 들어준 대법원의 판결로 인해 완전한 인종평등을 이룰 기회를 반세기 뒤로 미루는 계기가 되었다.

1890년 루이지애나 주는 기차의 객차를 흑백으로 따로 분리해 적용하는 법을 통과시켰다. 각 인종이 "자신이 속한 인종에 배정된" 좌석을 이용해야 한다는 이 법을 철회시키려고 노력하던 뉴올리언스 시민연합은, 호머 플레시Homer Plessy로 하여금 고의로 법을 어겨 이 법의 합헌성을 시험해보도록 했다. 플레시는 혈통상 8분의 1만 흑인이었기에 얼핏 보기에는 백인으로 보이는 인물이었다. 1892년 어느 날, 플레시는 일등석 표를 사서 열차에 오른 뒤 차장에게 자신의 인종을 스스로 밝혔다. 그러고는 '백인칸'에 가서 자리를 잡았다. 차장이 나타나 '흑인칸'으로 옮기라고 했지만 플레시는 거절했고, 즉각 체포되었다.

결국 대법원까지 상고된 이 사건에서 플레시는 "미국 시민으로서의 기본적 권리"를 주장했고, 그의 변호사는 "분리된 시설 이용을 강제하는 것은 흑인종에게 열등인종의 낙인을 찍는 것"이기 때문에 헌법의 정신에 어긋난다고 변론했다. 하지만 1896년 최종 판결에서 대법관들은 "열등인종의 낙인은 오직 흑인이 그런 의미를 덧입히기 때문으로, 루이지애나 법의 내용 때문은 아니"라고 해석했다. 따라서 대법원은 인종적으로 분리된 시설의 사용을 명하는 법은 동등한 시설을 양측에게 제공하는 한 위헌적이지 않다는 결론을 내렸다.[6](존 퍼거슨은 이 사건을 담당한 검사의 이름으로, 재판 내용과 큰 관련은 없다.)

플레시 사건의 판례는 다른 모든 인종분리 정책을 합법적인 것으로 만드는 결정적 계기가 되었다. 이 판례에서 나온 "분리하되 평등한separate but equal"이라는 형용구는 실제로는 무의미한 말이었다. 흑인용 화장실, 흑인용 병원, 흑인용 학교, 흑인용 식당 좌석, 흑인용 도서관 등은 백인용 시설과 결코 동등하지 않았기 때문이다. 흑인용으로 지정된 시설들은 더 낙후되고 불편하고 서비

'호머 플래시 대 존 퍼거슨 사건'을 다룬 책의 표지

플레시의 실제 사진이나 초상화는 존재하지 않는다. 사건 기록으로 보아 거의 백인으로 보이는 사람이었을 텐데, 남은 것은 후대에 그려진 이 그림뿐이다. 여기서 플레시는 완전한 흑인처럼 묘사되었다.

스가 뒤떨어졌다. 뿐만이 아니었다. 많은 남부 주들이 인종 간 결혼을 금지시켰고, 심지어 노스캐롤라이나에서는 흑인에게 전염성 바이러스라도 있는 듯 흑백 학생끼리 교과서를 바꾸어 보는 일까지 금지시켰다. 이런 법률들로 흑인과 백인은 완전히 분리된 삶을 살라고 강요받았다.

플레시 판결이 있기 한 해 전, 흑인 사회의 지도자 가운데 한 사람인 부커 티 워싱턴Booker T. Washington이 애틀랜타에서 개최된 면화 박람회에서 유명한 '애틀랜타 합의 연설'을 했다. 연설 내용은 흑백분리 정책에 동의하는 것이었다. 당시 백인 관람객이 대부분인 상황에서 굳이 흑인에게 연설을 시킨 이유는 북부 손님들에게 좋은 인상을 주기 위해서였다. 사실 주최 측은 워싱턴이 혹시 사회적으로 물의를 일으킬 주장을 할까 봐 우려했다. 하지만 이러한 우려가 무색하게도 워싱턴은 백인들이 꼭 듣고 싶어하는 말만 늘어놓았다. 그는 우선 흑인들에게 "물, 물, 물 하며 아우성치지 말고…… 당신이 있는 자리에서 물을 길어라."고 말했다. 멀리 있는 것을 원하거나 지나치게 앞서나가는 것, 즉 사회적·정치적 평등을 일시에 추구하지 말라는 의미였다. 대신 흑인이 힘써야 할 것은

부커 티 워싱턴(1856~1915)

19세기 말의 흑인 지도자이자 교육가. 해방 노예 출신으로 흑인 직업학교인 투스키기Tuskegee Institution을 설립하여 흑인의 경제력 향상에 힘썼다. 급진적 사회 변화에 반대하여 당시 백인들에게 많은 지지를 받았다.

경제적 지위의 향상, 자립 추구라고 주장했다.

워싱턴은 또 백인 관중을 향해 이렇게 말했다. "당신이 있는 자리에서 물을 길어라." 수백만씩 쏟아져 들어오는 이민들을 환대할 것이 아니라, 기존의 흑인들을 일꾼으로 써달라는 말이었다. 흑인들은 충성심 강하고 성실하고 서로 익숙할 뿐더러, 같은 지역에 함께 거주하고 있지 않는가. 그러면서 워싱턴은 유명한 '손가락 비유'로 백인 관중들을 감격시켰다. "흑인과 백인은 손가락처럼 떨어져 있으면서도 공동의 진전을 위해 하나의 손이 될 수 있다." 마치 1년 후 플레시 판결을 예상이라도 한 듯, 워싱턴은 분리된 인종 관계를 용인했을 뿐 아니라, 나아가 그런 분리에 근거한 미국의 체제를 옹호하고 나섰다. 이것이 바로 흑인 대다수 역시 동의한 남부 근대화의 시나리오였다.[7]

물론 흑인의 '동의'를 확대 해석해서는 안 된다. 그들에게 분리의 이데올로기는 추상적 관념이 아니라, 지극히 현실적인 생사의 문제와 연동되는 것이었다. 분리된 인종 관계에 대한 도전은 곧바로 엄중한 처벌로 돌아왔는데, 그 처벌이 불법을 넘어 조법적인 경우도 많았다. 마침 이 문제가 논의되던 때는, 백인 우월주의 실현을 목표로 하는 사적인 폭력집단 KKK가 제2의 창립기를 맞아 본격적으로 도약하던 시기였다.

★☆ 흑인 린치에 담긴 미국의 불안과 개혁주의

당시 정당한 법적 절차 없이 행사하는 사적 폭력인 '린치'가 얼마나 심각한 수준이었으며, 커다란 사회적·심리적 파장을 일으켰는지 오늘날 우리가 짐작해보기란 쉽지 않다. KKK단의 폭력은 그저 어쩌다 일어나는 사건이 아니었다. 그들의 상징물인 흰 마스크는 무시무시한 공포의 다른 말이었다. 하나의 사례를 들어보자.

샘 호스Sam Hose는 미국 남동부에 있는 조지아 주의 앨프리드 크랜포드 농장에서 밭일을 하던 21세의 일용직 노동자였다. 1899년 어느 날, 호스는 임금 문제로 주인과 다투었고, 다음날 다시 다투던 중 주인이 리볼버 총을 들이대며 위협하자 도끼로 주인을 찍어 죽였다. 호스는 정당방위를 주장했지만, 백인 폭도들이 들이닥쳐 그를 잡아갔다.

이틀 후 지역 신문에 실린 사건의 경위는 사실과 사뭇 달랐다. 호스는 식사 중이던 주인을 갑자기 공격했고, 주인이 죽어가는 와중에 그 부인인 크로포드 여사를 옆방으로 데려가 강간했다는 것이었다. 호스는 곧 2천 명의 백인이 지켜보는 가운데 린치당했다. 옷이 벗겨진 채 나무에 묶인 그의 몸과 주변의 나무에 석유가 부어졌다. 백인 폭도들은 그의 귀와 손가락, 성기, 얼굴 피부를 잘라냈다. 몇몇 군중이 그를 칼로 찌르거나 구타한 뒤 그의 몸에 불을 붙였다. 아직 살아 있었던 호스는 "오, 하나님, 오 예수님" 하고 중얼댔다. 호스의 사체가 식기도 전에 그의 심장과 간이 도려내어

린치를 당한 뒤에 남은 호스의
시신.

졌고, 뼈는 잘게 부수어졌다. 백인들은 앞다투어 그 뼈조각들을
기념품으로 가져가려고 아우성쳤고, 심장 한 조각은 조지아 주지
사에게 배달되었다. '기념품'을 받은 주지사는 호스에 대한 린치가
아니라, 호스가 한 일이 "기록으로 남아 있는 범죄 가운데 가장
사악하다"고 평가했다.

호스의 처형 이후 재개된 사건 조사 과정에서 크로포드 여사는
강간은커녕 호스가 남편을 우발적으로 죽인 후 곧 현장을 떠났고,
다시는 돌아오지 않았다고 증언했다. 하지만 다른 많은 린치 사건
들과 마찬가지로, 호스 사건은 그것으로 끝이었다. 그리고 그가
화형당한 나무 주변에는 이런 플래카드가 붙었다. '우리 남부 여
성을 보호해야 한다.' 신문에 실린 현지인들의 반응도 주인 살해
보다 여주인 강간의 죄가 더 크다는 의견이 다수를 차지했다. 발
생하지도 않은 남부 여성에 대한 침범, 그것이 호스가 린치당한

가장 큰 이유였다.[8]

호스 사건은 다른 많은 린치 사건과 여러 가지 면에서 비슷하다. 첫째, 희생자는 젊은 흑인 남성으로 노예제의 경험이 없다. 이미 세대가 변하고 있었다. 노예제의 경험과 교육을 거친 적이 없는 젊은이들은 구남부 세계의 흑백 관계를 기억하지 못했다. 린치는 바로 이런 새로운 흑인들을 길들인다는 사명을 띠고 있었다. 노예제를 기억하는 백인들에게 임금 때문에 주인과 다툴 수 있는 흑인이 생겼다는 것은 확실히 견디기 어려운 도전이었을 것이다. 따라서 호스와 같은 흑인은 가혹하게 다루어서 다른 흑인들에게 본을 보일 필요가 있었다.

둘째, 이 사건 역시 백인들이 흑인들에게 갖는 우려와 공포 속에 지속적으로 모습을 드러내는 '흑인 남성의 백인 여성에 대한 성적 접근 혹은 공격'이라는 주제를 담고 있다. 당시 린치당한 대부분의 흑인 청소년들은 백인 여성을 강간했다거나 백인 여성에게 접근했다는, 하다못해 길거리에서 백인 여성을 똑바로 쳐다봤다는 죄목으로 폭력을 당했다. 그것이 사실인지 아닌지는 그리 중요하지 않았다. 혼혈은 곧 백인의 타락이고, 나아가 미국의 몰락이라는 백인 남성의 시각은 남부를 넘어 전 미국에 통용되던 주류적 견해였고, 린치는 이런 불안감의 사회적 표현이었다.

마지막으로, 이 시대에 린치는 하나의 의례였다. 일정한 절차와 의식을 갖춘 공동체 행사였다. 수많은 사진이 증명하듯, 이 '행사'의 참석자 중에는 백인 성인 남성만 있지 않았다. 만 3~4세의 남

흑인 린치

위 사진은 1919년 네브라스카 주 오마하에서 벌어진 린치 장면이고, 아래 사진은 린치 후 만들어 판매한 기념엽서의 앞뒷면이다. '린치'는 유색인종에 대한 사회적 제재의 한 형태로 20세기 초반에 빈번했던 사형私刑 방식이다. 고문과 처형, 사체 화형 및 절단 등의 '행사'가 공개적으로 진행되었다. 위 사진에서 볼 수 있듯, 이 공동체 행사에는 지위와 나이, 성별을 불문하고 모든 이가 참여했다.

기념엽서에는 이렇게 씌어 있다. "지난밤에 우리가 만든 바비큐예요. 왼쪽에 화살표로 표시한 사람이 바로 접니다. 당신의 아들 조."

녀 어린이들, 예쁘게 차려입은 아가씨와 그 파트너, 일요일에나 입을 법한 단정한 성장 차림의 남녀노소들이 이 공동체 행사에 참석했을 뿐 아니라, 잔혹한 화형식을 배경으로 즐거운 표정으로 포즈를 취했다. 그중 많은 이들이 일부러 사진기에 얼굴을 들이밀고 이 일을 '기념'으로 남기려 했다. 심지어 그 사진이 박힌 기념 엽서를 사서 다른 지역에 사는 일가친척에게 보내기까지 했다. 시각적 표현을 중시하는 당대의 새로운 상업문화 속에 린치도 나름의 자리를 잡았던 것이다.[9]

그러나 흑인에 대한 사회적 통제를 목표로 엄청난 공적·사적 폭력이 동원된 이 시기의 남부를 시대 역행적이라거나 전근대적인 공간이라고만 단정지을 수는 없다. 같은 시기 북부 도시들을 중심으로 강조되던 근대화, 개혁, 혁신주의의 흐름과 남부의 인종차별이 완전히 상반되거나 모순되는 현상이 아니기 때문이다. 결정적으로, 남부에서는 흑백 차별과 흑인 탄압이 사회 진보의 측면에서 주장되었다. 즉, 남부가 설정한 혁신주의적 사회 개혁의 주요 과제 속에 인종적 질서를 바로잡아 백인 지상주의를 강화시키는 것이 포함되었던 것이다. 그래서 백인 엘리트가 주도한 남부의 혁신주의는 인종주의의 모습을 띠었고, 흑인 린치를 자행한 지역 KKK 단원 명단에서 주요 혁신주의자들의 이름을 쉽게 발견할 수 있었다.

인종주의 자체는 새로운 것이 아니었을지 모르지만, 남북전쟁 후 남부에서 그것이 경험되는 방식은 '현대적인' 것이었다. 흑백으

영화 〈국가의 탄생〉 중 린치 장면
역사상 최초의 장편영화로 기록된 D.
W. 그리피스의 이 영화는, 백인 중심
의 남북전쟁과 재건기의 미국 역사를
재구성했다. KKK단을 미화한 것으로
유명하다.

로 분리된 공공시설이나 사적 폭력은 모두 가시성을 강조한 시각
적 경험으로 작용했다. 이러한 시각적 경험들은 신문·사진·영
화를 통해 각인되었고, 영상으로 사람들의 기억을 지배하기 시작
했다. 이를테면, KKK의 탄생을 찬양하고 백인을 위한 남부 재건
을 선전했던 최초의 장편영화 〈국가의 탄생The Birth of a Nation〉
의 흑인 린치 장면은 이후 벌어진 린치에 일종의 교본 역할을 한
다. 이렇게 남부의 인종 관계는 현대적 매체를 통해 모든 이들이
보고 읽고 기억할 수 있는 전국적 '여가활동'으로 거듭났던 것이
다.[10]

서부 '개척'이 백인 중심적 견지에서 마무리되어가던 시기, 남부
에서는 이처럼 해방된 흑인에 대한 사회적·정치적 권리 부여를
유보함으로써 시민권에 대한 새로운 개념을 정립시키고 있었다.
대서양에서 태평양까지, 캐나다 국경에서 멕시코 국경까지, 미국

은 그 어느 때보다 하나의 국가로 통합되어 있었지만, 그 안에 거주하는 모든 이들이 똑같은 지위를 보장받은 것은 아니었다.

★★ 도서판례가 확정한 '시민권 없는 미 국적자들'

지금까지 19세기~20세기 초 서부와 남부에서 진행된 미국의 국가 통합 및 정체성 확립 과정을 살펴보았다. 새로운 식민지를 만들어나가던 시기에 미국은 결코 확고하고 안정된 상태가 아니었다. 내부적으로 갈등의 불씨를 안고 끊임없이 변화하는 국가, 그것이 미국의 실상이었다. 이런 맥락에서 19세기 말 새로 미연방에 편입된 식민지들이 왜 미국 영토로 복속되지 않았는지 살펴볼 차례이다.

1899년 4월 11일 체결된 파리조약으로 전前 스페인령 섬들에 대한 미국의 통치권이 확정되지만, 미연방 안에서 이 섬들이 어떠한 지위를 갖게 될지는 아직 결정되지 않은 상태였다. 이 섬들은 미국의 '식민지'인가, 아니면 미연방의 일부로 편입될 것인가? 미연방으로 편입된다면, 일정한 형식과 절차를 갖추고 '준주準州' 또는 '주'로 승격된다는 말인가? 인구가 비교적 많은 필리핀이나 푸에르토리코의 주민들을 '미국 시민'으로 인정해야 하는가?

이처럼 중요한 문제들이 명확히 규정되지 않은 상태였으므로, 미국의 입법부와 사법부는 이와 관련한 중요 사항의 결정을 이양 이후로 미룬다. 이들 영토와 주민의 지위를 규정한 법률 제정과 대법원 재판 사례들은 미국 제국주의의 복잡한 성격을 이해하려면 반드시 검토해야 할 사항이다.

파리조약 이후 획득된 영토의 지위가 명확히 결정되지 않은 상황에서, 그 전까지 스페인 국왕의 백성이던 이 지역의 주민들은 일단 '시민권 없는 미국 국적자non-citizen U. S. nationals'로 간주되었다. 다시 말해, 미국의 통치권에 속하지만 미국 안에서 완전한 권리나 의무를 인정받지 못한 상태였다. 이러한 불완전한 지위는 1900년 5월에 제정된 〈포레이커법the Foraker Act〉으로 명문화되었다.

〈포레이커법〉은 푸에르토리코의 장래를 결정했다. 이 법에 따르면, 푸에르토리코는 민간 정부를 구성하되 행정부의 수반은 미국의 대통령이 임명하며, 행정부 각료는 여섯 명의 미국인과 다섯 명의 푸에르토리코 출신으로 구성되어야 했다. 입법부는 양원제로 하고, 상원은 임명제로, 하원은 푸에르토리코에서 선출된 35인으로 구성되었다. 〈포레이커법〉은 푸에르토리코인들에게 미국 시민권을 주지 않았다. 대신 거주 목적에만 적용되는 '푸에르토리고 시민권' 개념을 신설했다. 푸에르토리코인은 미국 국적이지만, 미국 시민이 아닌 푸에르토리코 시민이라는 것이다. 푸에르토리코는 '합병되지 않은 영토unincorporated territories'로 규정되어, 국제 사회에서 공인받지도 못하고 외교적인 지위도 없었다.[11]

이 '합병되지 않은 영토'의 개념은 워낙 모호하여, 그 영토와 주민의 지위와 관련하여 복잡한 문제들을 일으킬 수밖에 없었다.

1901년 '합병되지 않은 영토'와 본토(미국)의 관계를 규정하는 일련의 판결들이 대법원에서 결정된다. 이를 싸잡아 '도서島嶼판례 Insular Cases'라 일컫는데, 이 판례들로써 미국은 비로소 새로 복속한 영토의 지위를 명확하게 확정짓는다.

1901년의 도서판례를 구성하는 총 아홉 개 사건에 대한 대법원의 판결 중 일곱 건이 푸에르토리코와 관련돼 있고, 한 건은 하와이, 나머지 하나는 필리핀 관련 사건이었다.[12] 아홉 건의 판결이 연속하여 나왔음에도 불구하고, 각각의 판결은 서로 모순된 내용을 담고 있어 식민지 지위 문제가 얼마나 복잡하고 새로운 문제였는지 잘 말해준다.

아홉 개의 사건은 주로 두 가지 문제를 둘러싸고 벌어졌다. 하나는 푸에르토리코나 필리핀에서 미국으로 수출되는 물품에 관세를 붙일 수 있는지, 즉 이들 영토가 미국의 일부인지 아닌지 묻는 것이었다. 다른 하나는 이들 '합병되지 않은 영토' 주민들이 미국의 배심원제도 재판을 받을 권리가 있는지 하는 문제로, 이 영토들의 사법 체계 및 시민권에 대한 미국의 방침을 묻는 것이었다. 결국 질문의 핵심은 이것이었다. '합병되지 않은 영토'는 미국인가, 미국이 아닌가?

도서판례 가운데 가장 중요한 판결은 네 번째, '다운즈 대 비드웰Downes vs Bidwell' 판결이었다. 다운즈 사건은 푸에르토리코에서 오렌지를 싣고 뉴욕 항에 도착한 사업가 다운즈가 뉴욕에서 물었던 관세를 돌려받고자 소송을 제기한 사건이었다. 다운즈의 주장은 푸에르토리코가 미국의 일부이므로, 미국 내의 다른 주들과 마찬가지로 관세를 내지 않아도 된다는 것이었다. 이는 '모든 관세, 조세, 물품세는 미국 전역에서 통일돼야 한다'는 헌법의 '통일조항Uniformity Clause'에 근거한 주장이었다. 그러나 재판부는 5대 4로 다운즈의 항의를 기각시키고, 뉴욕 관세청의 손을 들어주었다. 재판부의 논리는, 푸에르토리코는 미국이 점령하기는 했어도 국회가 '합병incorporate' 여부를 결정하지 않았기 때문에 '통일조항'의 적용을 받지 않으며, 고로 뉴욕 관세청이 부과한 관세는 합법적이라는 것이었다.[13]

다운즈 판례는 이전까지 혼전 양상을 보인 대법관들의 의견을 어느 정도 정리해주었을 뿐 아니라, 나머지 도서판례들과 이후의 도서 지역 관련 사건들의 판결 방향을 정하는 중요한 준거틀을 마련했다. 바로 '합병 이론'이었다. 이에 따르면, 미국의 의회는 새로운 영토를 미국 안으로 통합시킬 수 있는 유일한 권력체이기 때문에, 의회가 합병 조치를 취하지 않으면 아무리 미국이 획득한 영토라 할지라도 엄밀한 의미에서는 미국이 아니라는 것이다. 다운즈 판결에서 확립된 합병 이론은 이후 판결에 인용되었고, 도서 지역 주민들은 배심 재판을 받을 권리도 인정받지 못하게 되었다.

이처럼 미국 정부는 이들 지역이 미국인가 아닌가 판결하는 과정에서 자신의 입장을 명확히 세웠다. 합병 이론을 이론적으로 정교하게 만든 에드워드 더글라스 화이트Edward Douglas White 대법관은 다운즈 판결문에서 이렇게 썼다.

지금까지 논의된 바의 결과는, 푸에르토리코는 미국의 주권에 복속되었고 소유되었기 때문에 국제적 의미에서는 외국이 아니지만, 미국에 합병된 것이 아니라 단지 소유지로 종속되어 있기 때문에 내무적인 의미에서는 미국의 외국이라는 것이다.[14]

★★ 인종주의와 혁신주의의 결합

요약하자면, 미국에게 푸에르토리코는 국제적으로는 외국이 아니지만, 내정內政 측면에서는 미국이 아니었다. 푸에르토리코인은 미국 국적자이지만 시민권자는 아니었다. 어떻게 이러한 역설적 상태가 가능할까? 미 외교사 연구자인 월터 라피버Walter LaFeber는 도서판례들이 행정부의 정복 행위를 합법화하는 동시에, 미국 정부가 그때그때 유리한 방식으로 이 지역들을 통치할 수 있게 해주려고 "외교와 내무를 거짓으로 분리"했다고 평가했다.[15]

그렇다면 이런 의문이 들지 않을 수 없다. 미국은 왜 거짓 분리까지 해가면서 이 영토들을 완전한 의미의 미국으로 통합하지 않은 것일까? 도서판례들을 둘러싼 대법관들의 논의를 살펴보면, 그들이 두려워한 것이 무엇이었는지 선명히 드러난다.

그들은 법리적 해석 외에도 자신들의 판결이 가져올 현실적 결과를 미리 숙고하고 있었다. 다운즈 사건의 판결문 가운데 헨리 빌링스 브라운Henry Billings Brown 대법관은 "멀리 있는 영토의 합병은 인종, 태도, 법, 관습의 차이와 토양, 기후, 생산물의 차이에서 비롯되는 심각한 문제들을 일으킬 것이 분명하다. …… 지금 발을 잘못 들여놓으면 법무장관 마셜이 미국 제국이라 불렸던 것의 발전에 치명적일 수 있다."[16]고 우려하는 견해를 밝혔다. 대법관들 역시 도서 지역 영토에 완전한 시민권을 부여하고 미국 내로 통합하는 일이, 기존 질서를 흔들고 국가적 분열을 초래하는 일이라고 여겼음을 알 수 있다.

또한 '디 리마 판결문De Lima vs Bidwell'(182 U.S 1)에 인용된 미국 법무차관의 의견에 따르면, "(파리)조약은 이 야만적이고 반문명화된 사람들이 사는 열대 섬을 헌법상 미국의 일부로 만들거나, 국제적 관점에서 미국의 일부로 만들려는 의도는 전혀 없다."[17]고 했다. 애초부터 미국은 합병한 섬들을 미국으로 만들 의도가 없었고, 더군다나 그렇게 하는 것이 부작용을 낳는다면 더욱 그런 선택을 할 이유가 없었던 것이다. 그리하여 미국은 이 영토들을 '내무적 외국'으로 규정하여, 이들 지역에 대한 미국의 통치는 정당화하되 이 지역 주민들에게 미국인으로서 갖는 권리는 보장할 필요가 없는 상태를 만들어냈다.

나아가 대법원의 판결은 도서 지역 주민의 시민권을 부인했을 뿐 아니라, 이들의 존재를 미국에 대한 일종의 위협으로 간주했다. 다운즈 판결문에서 화이트 대법관은 "외래 영토의 거주민 수백만이, 의회를 통해 대변되는 미합중국 국민의 요구나 동의 없이 조약에 의해서 즉각적이고 번복할 수 없게 미합중국으로 받아들여

필리핀 식민지에 건설된 영어학교
서양식 옷을 입은 어린이들이 미국에서 파견된
선생님과 함께 사진기 앞에서 포즈를 취했다.

진다면, 정부의 전체 구조가 전복될 것"[18]이라고 우려했다.

이로써 자신들의 의지와 상관없이 미국 제국주의의 희생물이 된 식민지인들은 갑자기 미국 정부를 전복시킬지도 모르는 위험 세력으로 몰렸다. 판결문을 보면, 마치 식민지인들이 미국에 밀고 들어와 미국인들의 삶에 치명적 해를 끼치려 하고 있고, 미국은 이들의 '침입'에 무방비 상태로 당할 수밖에 없는 무고한 피해자인 양 그려져 있다.

이렇게 미국이 팽창 정책을 펴면서도 새로운 국민의 수용에 소극적이었던 데에는 서부와 남부에서 벌어진 상황들이 크게 영향을 미쳤다. 오랜 전쟁 끝에 겨우 마무리된 원주민 문제나 여전히 불씨가 남아 있는 해방된 흑인 문제를 겪으며, 미국은 유색인을 동등한 시민으로 받아들이는 것이 얼마나 어려운 일인지 학습했다. 그런데 여기에 본토와 떨어져 있는 지역의 또 다른 유색인종까지 미국민으로 받아들이라고? 도서판례들은 바로 이러한 고민에 종지부를 찍는 결정이었다.

20세기 초 미국은 미국 태생 백인들의 특성과 성질을 '미국적인'

것으로 규정하고, 그 외의 요소들은 '비미국적'인 것으로 적대시하
고 배척함으로써 인종주의적인 제국을 건설하려 했다. 더욱 강력
하고 개선된 국가 건설을 목표로 삼았던 혁신주의의 이념은 이러
한 인종적 제국의 확립에 도움을 주었다. 인종주의적 측면에서의
'진보'와 혁신주의에서 내세우는 '진보'는 미국적 특성 안에서 서
로 겹쳐져 나타났다. 이 이념에 따라 미국은 내부로 이질적 요소
가 유입되는 것은 차단하고, 내부의 이질적 요소가 드러나는 것은
더 강하게 단속해야 했다. 20세기 초, 새로운 미국의 국가관과 세
계관은 '내부의 타자'들을 배제시키며 형성되었다.[19]

5

'이민 천국'의 이민 제한법

인종주의와 배외주의의 산물, 이민법과 국적법

★* 인간 평등 부정한 '사회진화론'

> 자유, 불평등, 적자생존. 이 대안밖에는 없다는 것을 명심하자. 부자
> 유, 평등, 부적격자생존이 아니다. 전자는 사회를 전진시키고 그 최고
> 의 구성원들에게 혜택을 주지만, 후자는 사회를 타락시키고 그 최악
> 의 구성원들에게 혜택을 준다.[1]

자유와 불평등, 게다가 적자생존이란 '어울리지 않는' 세 개념의
결합이 다소 생소하게 느껴질 수도 있겠다. 우리에게 익숙한 조합
은, '자유, 평등, 박애'라는 시민혁명의 이념이 아닌가. 하지만 자
유, 불평등, 적자생존이 19세기 중반부터 서양 사회에 널리 퍼져
수용된 사회진화론의 솔직한 결론이었다.

찰스 다윈의 생물진화론을 인간 사회에 적용시킨 '사회진화론'
은, 인간의 역사를 발전과 진보의 과정으로 보았다. 정글에서 강
한 종이 살아남는 것처럼, 인류 역시 강하고 우월한 인종이 경쟁

"온갖 조그만 골칫거리들All Kinds of Little Troubles"
모든 인종의 유전적 결함을 지닌 영아들이 미국의 미래를 위협한다는 메시지를 담은 1910년대 엽서 그림이다.

에서 생존하여 그 발전을 이끌어왔다고 본 것이다. 사회진화론에 따르면, 문명의 진보는 무한 경쟁 속에서 바로 이와 같은 적자생존으로 이루어지는 것이다. 살아남았다는 것은 강하다는 것을 의미한다. 강한 것이 살아남아 유전된 결과가 바로 종種의 진보이다. 이러한 '자연적' 과정을 막는 것은 문명의 진보를 막는 것이다.

기본적인 세계관이 이러했기 때문에, 사회진화론은 인간 평등을 믿지 않았다. 모든 사람에게 공평한 대접을 해주어 전체 수준을 하향 평준화시키기보다는, 강한 자와 적자適者를 밀어주는 것이 인류 전체를 위해 올바른 선택이라고 설파했다. 현대 자본주의 사회라는 '정글'에서 강자 혹은 적자는 바로 재산을 축적한 사람들이었다. 따라서 기업가나 백만장자 등 적자로 판명된 사람들을 방해하거나 해체하는 것은 옳지 않다. 오히려 그들이 능력을 더

펼칠 수 있도록 해주는 것이야말로 인류 전체의 발전과 성장을 위한 '전략'이다.[2]

비단 개인만이 아니다. 세계를 구성하는 국가 중에도 강대국이 있고 약소국이 있다. 사회진화론에서 강대국은 결국 그 우성優性을 증명한, 지구라는 정글의 적자이다. 여기서 강대국들의 두 가지 '과제'가 나온다. 하나는 그 우수함을 바탕으로 다른 '열등한' 국가들을 지배하고 통치하는 의무이다. 그래야만 전 인류가 계속 발전할 수 있다. 이 논리는 곧바로 19세기 제국주의 침탈에 나선 서양 국가들이 주장한 '백인의 짐' 논리로 이어진다. 자신들의 식민통치는 침략이 아니라, 우월한 자가 져야 하는 '의무'라는 것이다.

강대국의 또 다른 과제는 바로 이 우월한 특성을 계속 지키고 발전시켜나가는 것이다. 능력 있는 개체의 출산율을 높이려는 우생학과, 열등한 인자의 유입을 막기 위한 책략이 필요한 것은 바로 이 때문이다.[3]

열등한 성분의 유입을 막아야 한다는 사회진화론의 세례를 받은 미국인들은 이민 문제로 관심을 돌리기 시작했다. 물론 이민 규제론이 발전한 데에는 여러 가지 다른 요소가 작용했다. 일례로 1890년대의 경제 불황 속에서 "우리 주변에는 먹고살기 위해 일하러 온 게 아니라 파업을 조장하고 범죄를 저지르려고 온 수천 명의 게으르고 사악한 외국인들"이 있다는 주장이 등장했다. 1894년에 개최된 미국무역국 회의에서는 이런 주장이 난무하며, 경제 불황의 원인인 이민을 규제하자는 논의가 진행되었다.[4]

★★ 배외주의의 첫 결과물 〈중국인 이민금지법〉

노동계는 워낙 반이민 정서가 강했다. 전미노동연합American Federation of Labor의 의장인 새뮤얼 곰퍼스Samuel Gompers 역시 이민자들이 제공하는 값싼 대체 노동력에 강한 불만을 나타내왔다. 그는 필리핀 합병에도 절대 반대를 표명하며, "수백만의 준야만적semi-barbaric 노동자들과 근접 거리에서 전면적인 경쟁을 벌여야 하는 미국 노동자들을 보호해야 한다."[5]고 주장한 바 있다.

하지만 노동계와는 정반대 입장에서 값싼 노동력을 제공하는 이민의 유입에 찬성하던 기업과 재계까지도 19세기 말 이민 제한 찬성으로 돌아선 데에는 또 다른 공포가 도사리고 있었다. 바로 노동운동에 대한 공포였다. 당시 19세기 말부터 20세기 초까지 거세게 일어난 미국 노동운동의 이면에는 유럽에서 유입된 급진사상이 자리하고 있다는 것이 정설이었다. 따라서 무정부주의, 노동운동, 혁명 등의 논의는 '미국적인 것' 혹은 '미국주의'를 약화시키고 무너뜨리는 '비미국적인' 것, 심지어 '반미적인' 것으로 여겨졌다. 그 결과, 급진적 노동운동에 대한 공포는 '배외주의Nativism'와 결합했다.[6]

배외주의가 준동하며 귀화 위주의 이민 정책도 규제 쪽으로 선회했다. 1840년대 황금광 시대와 1870년대 대륙횡단철도 건설 시대에 부족한 일손을 충당하고자 캘리포니아와 서부 지역에 대규모로 받아들인 중국인들이 배외주의의 물결 속에서 가장 먼저 철

철도 건설에 투입된 중국인 노동자들

대륙횡단철도의 서쪽 부분을 건설한 센트럴퍼시픽 철도회사Central Pacific Railroad가 고용한 노동자들은 대부분 중국인이었다. 이 어렵고 고된 노동을 담당한 중국인들은 철도 완공 후 백인 사회에 제대로 편입되지 못하고 거부당했다.

"우리 항구를 위한 동상a Statue for our harbor"(1881)
미국이 표방하는 민주주의와 자유를 상징하는 자유의 여신상을 중국인 노동자상으로 바꾸어 풍자했다. 중국인이 뿜어내는 광선에는 쓰레기, 부도덕, 질병, 백인 노동 멸망이라는 문구들이 씌어 있다.

퇴를 맞았다. 일손이 모자라 산둥 지방까지 가서 유인해 데려온 중국인 노동자들이었지만, 대륙횡단 철도가 완공된 뒤에는 처치 곤란한 존재가 되었다. 특히 철도 완공 이후 중국인 노동자들이 일자리를 찾아 캘리포니아 대도시들로 대거 들어오자, 서부의 백인 노동자들이 값싼 중국인 노동자들의 유입에 반기를 들기 시작했다.

그러다가 1882년, 〈중국인 이민 금지법Chinese Exclusion Act〉이 통과되어 특정 국적자에 대한 이민을 완전히 규제하는 첫 번째 사례가 되었다. 이 법은 본래 10년이라는 시한을 두고 시행됐으나, 기간이 계속 연장되다가 1902년엔 영구화되기에 이르렀다. 중국인에 대한 이민 금지 조치는, 미국이 태평양전쟁(1941년 일본의 진주만 기습으로 발발한 전쟁) 발발 후 중국의 협조를 구해야 할 상황에 처하는 1943년까지 유지되었다.

수많은 출신지 가운데에서도 특별히 중국이 이민 규제의 첫 대상이 된 것은 상당 부분 인종적인 편견에서 비롯된 것으로 분석된다.

하와이에서 당선된 중국인 상원의원이 돼지 꼬리 같은 머리를 등 뒤로 늘어뜨리고 이교도 표식을 손에 쥔 채 상원에 나와 자신의 영광스런 의석에서 일어나 그 덜떨어진 영어로 조지 프리스비 호어나 헨리 캐봇 롯지와 입씨름을 한다면, 그 수치를 우리가 어찌 견뎌낼 것인가?[7]

공화국 조직들의 안전을 위해서는 우리 제도를 사랑하고 이해하는 사람들만이 투표권을 행사해야 한다. 공공의 안전을 위해 저 수많은 중국인이 투표를 해서는 안 된다. 언어는 멀디 멀고, 종교는 이교, 정신과 도덕적인 면에서는 열등하고, 온갖 이상스러움을 갖춘, 이 불쾌한 군중이 공동체에 있다는 것은 공화국에 불필요한 요소이다.[8]

몽골리안 인종은 진보에 대한 열망은 없고, 대의제나 자유로운 제도에 대한 개념이 없는 것처럼 보인다. …… 중국인들은 자율 정부 구성에 필요한 동기를 제공할 두뇌의 용적이 부족하다.[9]

〈중국인 이민금지법〉을 논하던 국회에서 이와 같은 발언이 나

중국인 노동자 수입 반대
민주당이건 공화당이건 똑같이 반대했다. 양당이 합의한 반 중국 정서는 중국인 노동자를 압사시켰다. 중국인의 얼굴을 보면 황인종이라 보기 어려운 '요괴'의 형상이다.

왔다는 것은 당시 아시아인에 대한 인종적 비하가 어느 정도 심각했는지 말해준다. 그들은 중국인이 태생적·유전적으로 백인보다 열등하다고 믿었다. 그리고 중국인에 대한 혐오는 다른 아시아 인종들에 대한 편견보다 더 심했다.

중국인들이 다른 아시아 사람들보다 철도와 광산 노동자로 미국에 많이 진출하여 미국인들 눈에 자주 띄었다는 것도 한 가지 이유일 것이다. 그러나 당시 미국 내 중국인 수가 〈이민금지법〉 제정으로까지 이어질 만큼 압도적으로 많았다고 말하기는 어렵다. 같은 시기에 일본인들도 캘리포니아에 다수 진출해 있었다. 일본인에 대한 미국 정부의 태도는 중국인들을 대할 때와 확연히 달랐다.

1907년 일본과 미국은 소위 '신사협정Gentlement's Agreement'이라는 비공식 협의로 일본인 이민 문제를 타협했다. 그 내용을 보면, 일본 정부가 미국 취업 희망자에게 여권을 발행해주지 않는 방법으로 새로운 이민을 차단하는 대신, 미국 정부는 캘리포니아에 거주하는 일본인 학생을 차별하지 않기로 약속했다.

이처럼 미국이 중국과 일본을 차별 대우한 데에는, 그간 서구화에 부심해온 일본에 대한 높은 평가가 작용했다. 미국을 비롯한 서양 각국은 서구적인 가치를 수용하고, 서양의 근대화를 모델로 개혁을 추진한 일본을 긍정적으로 평가했다. 특히 1904년 러일전쟁에서 승리를 거둠으로써, 일본은 이제 아시아를 대표하여 서양과 거래할 수 있는 위치에 올라섰다. 신사협정을 체결할 당시 미국의 대통령이던 시어도어 루스벨트는 이런 일본에 '일본인 이민

금지법' 같은 모욕을 안겨줄 수 없었다. 이렇게 본다면 〈중국인 이민금지법〉에는 당시 급변하던 동아시아의 역학 관계가 담겨 있었다고 할 수 있다.

그런데 1882년 비준된 〈이민금지법〉에는 중국인뿐 아니라, "전과자, 미치광이, 저능아, 사회적 부담이 될 소지가 있는 자들"도 포함되었다. 이는 열거한 전과자 및 '사회적 열등아'들과 중국인을 싸잡아 동급으로 취급하는 결과를 낳았다. 물론 여기에는 중국인을 향한 인종적 편견 외에도 백인 노동자의 권리 확보라는 현실적인 이유도 있었다. 사실 이민 규제의 직접적인 동기는 국내 노동시장의 보호였다.

광산 붐이 끝나고 철도 건설도 어느 정도 마무리된 뒤, 중국인 노동자들은 캘리포니아를 비롯한 서부 농장 지역에 자리잡기 시작했다. 그러자 "몽골리언의 범람"으로 백인 노동시장이 교란되는 것을 우려하는 목소리가 커지기 시작했다.[10]

★★ 가난한 유럽계 이민도 '부적합' 판정

비단 '몽골리언'뿐 아니라, 유럽 출신 이민자들 중에서도 이전과는 다른 국적자들의 비중이 늘어나는 것을 문제 삼는 움직임이 일었다. 이전에는 영국계와 독일계 등 '친숙한' 국적자들이 이민자의 대부분을 차지했던 반면, 20세기로 접어들며 남유럽과 동유럽 출신 이민자 비중이 크게 증가했다.

이 새로운 이민들은 언어 면에서 영어와는 다른 로망스 혹은 켈트 어족에 속했고, 민족적으로도 앵글리칸 혹은 게르만이 아닌 라틴계에 속했다. 게다가 종교적으로 개신교보다는 가톨릭 신자가 주종을 이루었으니 이질적이라 생각할 만도 했다. 북·서유럽 이외 지역 출신 이민이 급증하는 것을 "가장 낮은 수준으로 타락한 인종의 유입"이라고 한 미합중국 상원의원 헨리 캐봇 롯지의 말에서 당시 주류 사회의 위기의식을 엿볼 수 있다.[11]

미국 주류 사회가 남·동유럽 이민자들을 배척의 대상으로 점찍은 것은, 이들이 가장 높은 수준의 자유와 공화주의를 발전시킨 미국에 '부적합한unfit' 부류라는 이유 때문이었다. 사회진화론 시대에 라틴계 가톨릭 이민자들은 열등한 것이 아니라 부적합했다. 왜냐하면 이들에게는 "자립과 자치 정부 문제를 계승하기에 적합한 인간으로서 지녀야 할 사상과 능력이 부족"하고, "자유란 황인종 또는 홍인종, 흑인종에게는 없는 개념"이기 때문이다.[12]

이처럼 배외주의적인 흐름 속에서 1891년에 제정된 〈이민법 Immigration Act of 1891〉은 여러 가지 면에서 향후 미국의 이민 관련 규정의 틀을 제시했다는 점에서 중요한 의미가 있다.

첫째, 1891년법은 주별로 편차를 두고 진행되던 이민 관계 정책의 최종 책임을 연방정부에 지웠다. 이후 연방정부는 모든 이민자들의 출입국 창구를 뉴욕의 엘리스 섬으로 단일화하여 관리했다.

둘째, 이 법은 실질적인 이민 규제 방법들을 만들었다. 특히 심사 후 입국이 불허된 이민들은 반드시 그들을 싣고 온 증기선에 태워 유럽으로 되돌려보내야 한다는 규정을 신설했는데, 이 조치는 결과적으로 유럽의 사설 여행업체들을 가장 효율적인 이민국 관리원으로 만들었다.

셋째, 1891년 〈이민법〉은 앞서 1882년과 1885년에 제정된 〈이민법〉에서 이민을 금지시킨 중국인과 계약노동자 말고도 이민 금지 대상을 늘렸다. 이제 다혼주의자, 전염병 감염자, 도덕적 범죄자 등이 목록에 포함됐다.[13]

뿐만 아니라, 1894년에 "향후 이민의 법적 규제 혹은 더 엄격한 규정을 선전하고 도모하고자" 결성된 '이민제한협회Immigration Restriction League'는 20세기 들어 더 구체적이고 강력한 이민 규제법 제정을 위해 적극적인 활동을 벌였다. 이 단체는 "현재 이민의 상당 비율이 진보하지 않은 인종과 국가들에서 오고 있다. 이들은 후진적이고 억압되었을 뿐 아니라, 수 세기 동안 상대적으로 무가치했다. 만일 이 이민들이 '기회를 갖지 못했다'면 그것은 그 인종이 기회를 만들지 못했기 때문"[14]이라고 주장했다.

이들이 문제 삼은 것은 주로 이질적인 인종과 문화 집단이 미국의 정체성과 우수성에 가져올 잠재적 위험이었지만, 남·동유럽의 경제적 환경을 생각할 때 가난한 지역에 대한 편견이 어느 정도 작용했음을 알 수 있다. 사회진화론적 견지에서 본다면, 개인과 국가의 경제적 능력은 곧 그 적/부적격을 가르는 요소였기 때문이다.

동시에 이전까지는 그저 '백인white'으로 뭉뚱그려졌던 수많은 유럽 인종과 민족들이 더 정교하게 분류되기 시작했다. 유전학과 우생학의 논리에 따라 각 집단의 특성과 장점·단점들이 열거되고, 그 결과에 따라 계서적인 등위가 매겨졌다. 물론 이 같은 분류표에서 최고 정점에 있는 가장 우수한 민족은 '미국인'이었다. 이 분류 작업을 주도한 이들은 모든 백인이 미국이 지향하는 최고 수준의 민주주의 공화국 건설에 동참할 능력을 갖고 있는 것은 아니며, 유럽인 가운데서도 열성인자를 가진 인종이나 민족이 유입되면 그것은 미국의 '퇴보'와 '오염'을 의미한다고 주장했다.[15]

1911년에 발간되어 이후 인종주의적 이민법 제정에 지대하게 기여한 찰스 데븐포트Charles Devenport의 기록에 따르면, 아일랜드인은 유전학적으로 "알콜중독, 상당한 정도의 정신적 결함, 결핵의 소지"가 있을 뿐 아니라, 유전인자에 '뇌물 수뢰'와 같은 정치적 타락의 성향을 지니고 있다. 또한 이탈리아인은 폭력과 범죄를 유발시키는 유전인자를, 유대인은 지나친 개인주의와 물질만능주의, 탐욕과 같은 성향을 생물학적으로 갖고 있다.[16]

데븐포트의 분석에 등장하는 알콜, 뇌물, 폭력, 탐욕 등은 당시

찰스 데븐포트(1866~1944)

미국의 저명한 생물학자이자 우생학자.
하버드 대학 동물학과 교수, 우생학기록사무소Eugenics Record Office 설립자이기도 하다. 골튼과 멘델의 학설을 증명하고자 자료 수집 및 현장 조사에 힘썼으며, 인종 집단별로 유전되는 특성을 발견했다고 믿었다.

혁신주의 개혁이 쇄신의 대상으로 내세운 도시정부의 대표적 문제점들이었다. 19세기 말~20세기 초 미국에서는 각 정당의 도시 머신 조직(정당정치의 도시별 조직)들이 이민자들에게 일자리와 잠자리를 제공하는 대가로 투표권을 좌우하고 부정부패를 일삼으며 도시정부를 장악하고 있었다. 이러한 도시정부를 과감하게 개혁해야 한다는 혁신주의운동이 이민에 대한 인종주의적 시각과 결합하였고, 그 결과 개혁의 표적이 된 많은 사회악이 오로지 이민의 탓으로 돌려졌다. 미국 도시가 비위생적이고 폭력적이며 부정부패에 찌들게 된 것은, 선천적으로 이런 특성을 지닌 이민이 범람한 탓이므로 이들을 들어오지 못하게 하자는 것이다.

★★ 과학의 이름으로 행해진 인종 분류

'질 나쁜' 이민들이 사회적 병폐를 일으킨다고 단정지은 이들은, 더 나아가 이들이 미국의 국가 정체성까지 뒤흔들고 있다고 주장하기에 이르렀다. 애초에 이민자들을 하나의 미국인으로 통합하기란 어려운 일이며, 통합시킨다 해도 전체적인 질의 하락을 가져온다는 것이었다. 20세기 초, 이민 문제를 다룬 『위대한 인종의 사멸*The Passing of the Great Race*』이라는 책에서 적나라한 인종주의를 표출하여 화제를 일으킨 매디슨 그랜트Madison Grant가 이런 주장의 선봉 격이었다.

우리가 인정하든 하지 않든 간에, 장기적으로 보았을 때 두 인종의
혼합은 우리가 퇴보하고 일반화되며 더 낮은 수준의 인종으로 되돌
아가는 것이다. 백인과 인디언의 결합은 인디언이고, 백인과 깜둥이
의 결합은 깜둥이고, 백인과 힌두의 결합은 힌두, 유럽 인종과 유대
인의 결합은 유대인이다.[17]

반이민주의자들은 이렇게 범죄와 정신병이 유전적으로 결정된다
는 학설을 만들고, 이를 통해 각 민족 집단의 생물학적 특성을 규정
지어 과학의 이름으로 인종주의를 확고히 발전시켜나갔다. 그리고
이 인종주의적 개념틀이 바로 이민 규제와 통제의 발판이 되었다.

1912년 미연방 공공보건청에서는 당시 이민자들의 출입국 창구
역할을 하던 뉴욕 엘리스 섬에 헨리 고다드Henry Goddard를 파견
하여 실태 조사를 하게 했다. 고다드는 20세기 초 미국의 손꼽히
는 심리학자이자 우생학자였다. 고다드로서는 당시 최신 '과학'으
로 도입된 지능검사인 '비네검사'를 실험해볼 기회였다.

비네검사란, 20세기 초에 프랑스 소르본 대학의 심리학 실험실
실장이던 알프레드 비네Alfred Binet(1857~1911)가 확립한 지능 측
정법이다. 비네는 1900년대 초반 비슷한 방법을 고안했으나, 여러
표본 집단을 대상으로 한 실험을 거쳐 1908년에 오늘날 IQ를 측
정하는 데 적용하는 기준을 확립했다.

비네검사는 기본적으로 연령별로 과제 수준을 지정하여 표준치
와 얼마나 차이가 나는지 계산하는 검사법이다. 하지만 비네는

선천적 지능이 있다고 믿었다기보다는, 이를 교육 평가와 학습 방법 제시의 도구로 삼고자 했다. 그런데 고다드 등 미국인들이 이 방법을 가져다가 절대적인 정신적 가치를 측정하고, 모든 인간을 서열화하는 도구로 삼았다.

이민자들을 대상으로 비네검사를 마친 고다드는, 보고서에서 조사 대상 입국자 가운데 유대인의 83퍼센트, 헝가리인의 80퍼센트, 이탈리아인의 79퍼센트, 러시아인의 87퍼센트가 정신박약이라고 기록했다.[18] 이 보고서를 접한 미국인들은 다수의 '열등' 인종 유입이 "인종 자살"과 다를 바 없다는 주장에 동조하지 않을 수 없었다.

여기서 문제는, 고다드가 어떤 기준으로 '정신박약' 판정을 내렸는가 하는 점이다. 현실적으로, 실험 대상이 된 이민들은 장시간 항해를 마치고 막 배에서 내린 터라 건강 상태가 좋았을 리 만무하다. 이민자들의 대다수는 가난한 데다 영양 상태도 좋지 않았을

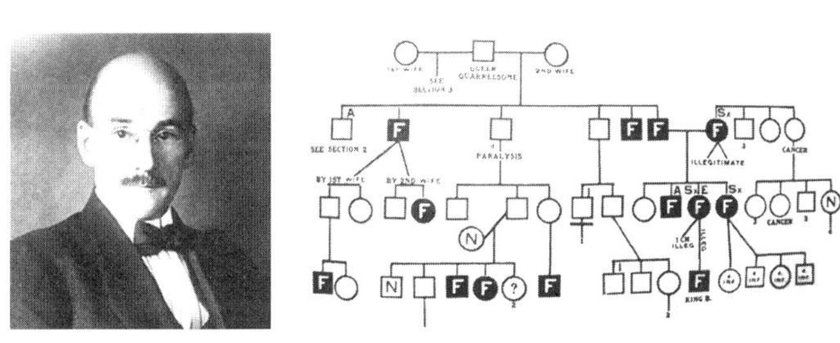

헨리 고다드와 그의 책에 등장하는 '저능 가계도'

고다드는 20세기 초 미국 심리학자이자 우생학자로, 특히 열성 유전인자 유전을 '증명'하는 작업에 몰두했다. 비네 측정법을 이용한 지능검사를 미국에 소개한 것으로 유명하다. 오른쪽 가계도의 F는 저능feeble-mindedness을 뜻한다. 즉, 이 가계도는 저능이 어떻게 유전되는지 담고 있다.

'저능아들'

고다드의 책에 실린 수많은 '저능아'들의 사진 중 일부이다. 바로 이런 아이들이 유전에 의해 저능으로 태어나 범죄자가 되므로, 애초에 단종시키는 것이 바람직하다는 결론을 도출한 것이 당시 우생학의 '업적'이었다.

case 118, 몰리 I., 10세　지능 1세
case 119, 델리아 I., 25세　지능 4세
case 120, 찰리 M., 26세　지능 4세

것이며, 언어의 차이에서 오는 의사소통 문제도 있었을 것이고, 갑자기 낯선 환경을 접하여 몸짓이나 행동이 어색할 수밖에 없었을 것이다. 그런데 이런 사람들을 "느리고 무기력한 저능"으로 판정한 고다드의 주장에 이의를 제기하는 사람은 아무도 없었다.[19]

이처럼 데븐포트나 고다드 등 당대의 우생학자들은 도시 이민 문제가 사회적인 것이 아니라 태생적이라 믿었고, 이를 '과학'의 이름으로 주장했다.

생물학의 최근 조사들은, 모든 종의 진보에서 환경보다 유전이 훨씬 더 중요한 요소임을 보여준다. …… 인간을 들여오는 데 적어도 동물 혹은 해충, 병원균 검사에 들이는 정도의 주의는 기울여야 한다. 그러나 오늘날 우리는 미래 미국 어린이의 아버지와 어머니가 될 외국인 남성과 여성을 선택하는 것보다, 소나 양의 품종 개량을 위해 해리퍼드 종이나 사우스다운 종을 선택하는 데 더 많이 주의를 기울이고 있다.[20]

과학의 가르침에도 불구하고 부적절한 이민을 계속 받는 것은 무모하고 있을 수 없는 일이 되어갔다. 미 의회는 이러한 배외주의의 물결을 타고 엄격한 이민법 제정에 나섰다. 1913년, 의회는 이민 희망자들에게 영어 시험을 실시하여 적격 여부를 가리는 내용을 포함하는 이민법을 통과시켰다. 그러나 이 법은 27대 대통령 윌리엄 태프트William Howard Taft가 거부권을 행사하는 바람에 인준되지 못했다. 미 의회는 1915년에 다시 같은 내용의 법을 통과시켰다. 그 즈음 《뉴욕타임스New York Times》 사설은 "공화국의 기반이 형성된 이래 이처럼 공개적으로 외국의 영향에 굴종적이고 비미국적인 정신을 선언한 사람들이 많이 모인 적이 없다."[21]며 이민법 제정을 부추겼다. 그러나 당시 대통령이던 우드로우 윌슨 역시 이 법

이민자 지능검사와 신체검사
유럽 이민의 관문인 엘리스 섬에서는 이민
자들을 대상으로 한 각종 검사가 실시됐다.
여기서 탈락하면 섬 안에 있는 시설에 수용
되었다가 본국으로 송환됐다.

에 거부권을 행사했다. 의회는 대통령의 거부에도 불구하고 다시 법을 통과시키려 했으나, 겨우 4표 부족으로 법 제정에 실패했다.

태프트와 윌슨이 이민 제한법 인준을 거부한 것은, 지극히 이상주의적인 "꿈의 땅" "열려 있는 기회의 땅" 미국이라는 이념을 저버리지 못했기 때문이다. 윌슨은 의회가 통과시킨 법안이 "자연적이고 박탈할 수 없는 인간의 권리를 법적으로 추구할 권리와 기회를 얻지 못한 모든 사람들에게 항상 열려 있던 도피처의 문을 완전히 닫으려 하는 것"이라고 비난했다. 그의 자유주의적 이상의 관점에서 보면, 이 법은 인준될 수 없는 것이었다.[22]

이로써 유럽인들에 대한 이민 제한은 다시 유보되었다.

★★ 전쟁과 혁명이 불러일으킨 공포

그런데 얼마 뒤, 그 어떤 이상주의적 대통령이라도 외면할 수 없는 두 가지 사건이 터졌다. 첫 사건은 1차 세계대전이었다. 전쟁을 맞아 '적국'으로 등장한 독일에 대한 경계심은 미국 내 독일계 이민에 대한 의혹으로 발전했고, 나아가 모든 외국계 이민에 대한 배타적 사고로 이어졌다.[23] 이처럼 귀화한 외국인들에 대한 근본적인 의혹과 그들이 본국에 가질 법한 충성심에 대한 끊임없는 의심은, 이미 형성되어 있던 강력한 이민 규제 여론에 힘을 실어주었다. 1917년 의회가 1915년에 시도했던 이민법을 다시 통과시키자 윌슨은 또다시 거부권을 행사했지만, 이번에는 대통령의 비토를 넘어 의회가 승리했다.

마침내 1917년에 제정된 〈이민법Immigration Act of 1917(Asiatic Barved Zone Act)〉은 절정에 달한 미국의 배외주의를 고스란히 담고 있었다. 이 법은 입국 거부 대상자에 "모든 백치, 저능, 정신박약아, 간질병 환자, 정신착란자, 1회 이상 광적인 행태를 나타낸 적이 있는 사람, 정신질환적 열등성이 있는 사람, 만성 알코올 중독자, 빈민, 직업적 거지, 떠돌이, 결핵 환자……" 등을 포함시켰다. 이 끝없는 명단 속에는 "범죄자, 정부 전복을 시도한 경험이 있는 사람, 무정부주의자, 다혼주의자" 등도 있었다.

명단에 오른 사람들을 살펴보면, 남유럽이나 동유럽인들의 특성으로 여겨지는 특징을 완곡하게 표현한 것이 많았다. 예컨대 빈민·거지·떠돌이 등은 이들 지역의 전반적인 빈곤을 고려할 때 편의대로 가져다 붙일 수 있는 표현이었고, 알코올 중독자나 결핵 환자는 그런 사람의 비율이 높다고 알려진 아일랜드나 이탈리아 사람들을 지목한 것이었다. 그리고 반정부 활동과 사회 사상에 대한 부분은 1차 세계대전기 유럽 여러 지역에서 혁명적 사상이 전파되는 현실을 고려한 것이었다.

또한 1917년 이민법은 16세 이상의 입국자에게 문자 해득 능력 시험을 치르게 했고, 40단어의 영어 혹은 다른 언어로 된 문장을 읽지 못하면 그 자리에서 원국적지로 돌려보내도록 했다. 이는 기본적으로 읽기 능력이 그 사람의 지적 능력을 나타낸다고 보고, 문자를 읽을 줄 아는 사람만이 민주주의에 적합한 자질을 갖추었다는 판단에 따른 조치였다. 이 능력과 자질이 없는 사람은 귀화하거나 교육을 받아도 '미국화'되기 어렵기 때문에 이민 자체를 제한해야 했다.

물론 이민 온 사람들을 '미국화'시키려는 노력은 그와는 다른 영역에서 계속 추진되었다. 이 미국화 정책을 대표하는 인물이 포드 자동차회사의 창설자 헨리 포드Henry Ford이다. 포드는 자신의 회사에 영어학교를 만들고 외국인 노동자들에게 의무적으로 영어 학습을 받도록 했다. 여기서 처음 배우는 말이 "나는 좋은 미국인이다(I am a good American)."였다고 한다. 또한 영어학교 학생들이 마련한 연극 발표회의 제목이 '멜팅 폿melting pot', 즉 여러 인종과 문화가 뒤섞이고 동화하는 '도가니'였다. 이 연극 발표회의 구체적인 내용을 보면 그 의도가 고스란히 드러난다.

무대 중앙에 거대한 솥을 설치하고, 화려한 옷차림을 한 이민 노동자들이 한 줄로 서서 자신의 모국어를 외치며 그 솥 안으로 들어간 뒤, 솥의 양쪽으로 똑같은 옷을 입고 작은 성조기를 든 채 동시에 나오는 내용이었다고 한다.[24] 이보다 더 멜팅 폿의 의미를 적나라하게 표현하기도 어려울 것이다.

배외주의를 더욱 강화시킨 두 번째 사건은 볼셰비키 혁명이었다. 지구상 최초의 공산주의 혁명이 성공했다는 소식은 유럽 지역에서 급진주의를 크게 고무시켰고, 그 영향은 대서양 건너 미국에까지 전해졌다. 미 노동운동 역사상 가장 진보적인 집단이라 할 IWW(Industrial Workers of the World, 세계산업노동자동맹)와 사회

헨리 포드가 연 영어학교(위)와 연극 '멜팅 폿'(아래)
포드 사의 영어학교는 유럽 이민의 '미국화' 프로그램 중 가장 유명했다. 아래 사진을 보면, '진짜로' 거대한 솥 안에서 성조기를 든 사람들이 하나씩 나오는 것을 볼 수 있다.

당이 활동했던 시기도 바로 이때였는데, 이는 서유럽에서 전반적으로 급진주의가 발흥한 것과 무관하지 않다. 이러한 국제 정세가 미국의 보수 여론을 더욱 경직시키고 배외주의를 부추겼다. 1919년의 철강 노동자 대파업은 대부분 미국 태생 노동자들이 규합하여 벌인 것이었는데도, "이 나라에서 소비에트의 첫 등장"을 알리는 사건으로 평가되고 혁명이 일어날 전조로 받아들여졌다.[25]

당시 미국이 얼마나 심각한 배외주의적 신경증에 시달렸는지

알고 싶으면, 1920년에 발생한 이른바 '파머의 습격' 사건을 보면 된다. 그해 1월 1일, 미국 공산주의자들이 각 도시에서 지부 집회를 열고 있을 때 당시 법무장관이던 파머Mitchell Palmer가 대대적인 '공산주의자 검거 작전'을 폈다. 이것을 시작으로 여러 날 동안 공산주의자와 그 동조자를 집중 조사하여 총 6천여 명이 체포되었다. 이들 가운데 특별히 '위험인물'로 판명된 사람들과 그 전해에 '볼셰비키 혁명 2주년 기념 행사'에서 붙들렸던 인사들을 포함한 249명의 공산주의자, 무정부주의자, 혁명 사상가들이 미국에서 추방되었다. 이들은 '소비에트 방주'라 불리게 된 버포드 호에 태워져 핀란드를 경유하여 소련으로 보내졌다. 적법 절차를 따르지 않은 체포와 구금, 강제 추방 사건이었다.[26]

이런 상황이었기 때문에 1917년에 이민법이 제정된 이후에도 더 강력한 이민 규제 방법들이 모색되었다. 1917년의 〈이민법〉이 질적인 차원에서 입국 조건을 강화시켰다면, 1921년(First Quota Act)과 1924년(National Origins Act ; Johnson-Reed Act)에는 아예 국적별로 이민의 수를 제한하는 법들이 마련되었다. 이 이민법들은 특별히 '국적법'이라고 부르는데, 이러한 〈국적법National Origins Act〉 제정을 위해 열린 청문회에 증언자로 참석한 해리 래플린 Harry Laughlin 박사는 우생학과 생물학의 관점에서 국적법의 필요성을 역설했다. 20세기 초 미국의 대표적 우생학자로 꼽히는 그는, 놀랍게도 국적법이 통과되지 않았을 때 미국에 일어날 위험한 상황을 쥐떼에 빗대어 설명했다.

쥐의 세계에서는 직접적인 전쟁이나 공식적인 전투를 벌여 정복하지 않고, 조용한 이민으로 정복을 한다. 한 번에 몇 마리씩 침입 종자가 들어와 자리를 잡고는 더 빠른 속도로 번식하여 …… 결국 침략한 영토의 지배권을 차지한다.[27]

1917년을 기점으로 1920년대를 거치며 강화된 이민 제한 추세에 전쟁과 혁명에 대한 방어적 반응이 영향을 미쳤음은 부인하기 어렵다. 그러나 오로지 이것만이 이민 제한법 제정의 원인이었다고 할 수는 없다. 그보다는 전부터 존재하던 배외주의가 이 시기에 특별히 강화되었다고 해석하는 편이 옳다.

혹자는 1차 세계대전을 기준으로 혁신주의 개혁이 일단락된다고 평가하기도 한다.[28] 1915년까지 이민법 제정을 차단하는 데 성공했던 윌슨 대통령과 같은 혁신주의자에겐 확실히 그랬을 것이다. 하지만 그런 이상적 미국주의에 사로잡힌 인물만 혁신주의자는 아니었다. 더욱 강화된 국적법을 통해 더 아름답고 강한 미국을 유지하려 한 이민 반대자들 역시 혁신주의의 전통에 서 있었다.

★★ 강화된 국적법, 닫힌 '대문'

20세기 초엽 미국에서 제정된 국적법들은 이민의 절대 수를 줄여 이민을 더욱 직접 통제하려 했다. 우선 1921년의 이민법은 한 해에 받아들이는 이민의 총수를 35만 명으로 제한하고, 또한 국적지별로 입국 가능 인원을 1910년 인구조사 당시 미국에 거주한 국적별 이민자 비율의 3퍼센트로 제한했다. 1910년만 해도 비앵글로색슨 지역에서 건너오는 이민자 수가 비교적 적었던 때이다.

이것으로도 모자라 1924년 〈국적법〉은 연간 최대 이민자 수를 15만 명으로 더 줄이고, 국적별 입국 가능 인원의 산정 기준을 1890년의 인구조사로 소급하여 적용했다. 1890년은 1921년 법 제정 때 기준으로 삼았던 1910년 조사보다도 남유럽과 동유럽 출신 이민이 비교할 수 없을 정도로 적었던 때이다. 다음은 1924년 새로 개정된 국적법의 영향으로 남·동유럽 출신 이민자 수가 어느 정도 줄었는지를 보여주는 표이다.[29]

출신 국가	1924년 현재 이민 수	1921년 국적법 (1910년 인구조사 기준)	1924년 국적법 (1890년 인구조사 기준)
그리스	3,063	2,042	100
이탈리아	42,057	28,038	3,889
폴란드	30,979	20,652	8,872
러시아	24,405	16,270	1,792
유고슬라비아	6,426	4,284	735

이 표에 따르면, 1924년의 〈국적법〉 이후 이탈리아에서 미국으로 이민 올 수 있는 사람의 수가 4만 2천 명에서 78명으로 줄고, 유고슬라비아인은 6,400여 명에서 14명으로 급감했음을 알 수 있다.

1924년의 국적법 제정을 옹호한 한 하원의원은 국적법의 목표가 특정 집단의 배제라는 점을 숨기지 않았다. 그는 새로운 법이 "더 지적이며…… 고로 미국 시민권에 가장 적합한 자질"을 갖춘 이민의 비율을 증가시킬 것이며, "지적으로 낮은 이민, 이 땅에 정신박약, 정신착란, 범죄, 그리고 다른 사회적 부적합자들을 양산해냈던 이민들을 엄청나게 줄여줄" 것이라고 발표했다.[30]

또 다른 의원은 더 노골적으로 국적법의 채택을 촉구했다.

미국이 동양화되고, 유럽화되고, 아프리카화되고, 잡종화될 지경에 이르기까지 유럽의 찌꺼기들을 받아들인 탓에 우리의 천재성, 안정성, 위대함, 진보와 위업의 약속은 실제로 위험에 처했다. …… 나는 앞으로 여러 해 동안, 적어도 지금 소위 '우리의 위대한 멜팅 폿'에 들어 있는 외국적이고 부조화스러운 요소들이 확실히 미국 시민으로 녹아들었는지 확언할 수 있을 때까지 모든 이민을 금지시키기를 희망한다.[31]

〈국적법〉에 반대하는 의원들은 이것이 미국의 민주주의 이상에 위배되는 차별적인 사상에 기초하고 있다고 주장했지만, 국적법의 통과를 막기엔 역부족이었다. 국적법을 원하는 사람들의 목표는 너무나 뚜렷했고 여론은 그들 편에 있었다.

너의 지치고 가난한 사람들을,
자유롭게 숨쉬기를 갈망하는 무리들을,
혼잡한 해안에 지쳐 쓰러진 가엾은 족속들을,

'아메리칸 드림'
뉴욕 항으로 들어오는 이민자들에게 자유의
여신상은 '미국의 꿈'을 상징했다. 하지만 그
좌대에 적힌 시구처럼 여신상이 이민자들을
품기엔 미국의 현실은 너무나 달라져 있었다.

머물 곳 없이 폭풍우에 시달린 이
들을 나에게 보내다오.
나는 황금빛 문 옆에 서서 횃불을
높이 들리라![32]

자유의 여신상에 헌정된 미국
시인 엠마 라자러스Emma Lazarus
의 시구는 '이민의 나라' 미국을
상징하는 표상으로서 이 동상에
중요한 의미를 부여했다. 1883년
총 14행으로 쓰인 이 '새로운 거
인The New Colossus'이라는 제목
의 시는 자유의 여신을 "망명자
의 어머니"로 부르며, 위기의 이
민들에게 생명과 보금자리를 제
공한 미국을 상징하는 인물로 표
현했다. 엘리스 섬을 거쳐 미국에
입국하려 한 수많은 이민들은 이
여신을 바라보며 기뻐하고, 앞으로 펼쳐질 삶에 대한 기대로 전율했
을 것이다.

이후로도 자유의 여신상은 엘리스 섬에 서 있었다. 그러나 라자
러스의 시가 여신상의 좌대에 새겨지자마자 미국은 열어두었던

문을 닫기 시작했다. 1880년대 이후 연이어 제정된 반이민 및 이민 규제법들은 여신상의 의미와 라자러스의 시를 조롱하는 것이나 다름없었다. 실제로 뉴잉글랜드 출신의 유명한 시인이자 편집자였던 토머스 베일리 올드리치Thomas Bailey Aldrich는, 이미 1892년 라자러스의 시구에 정면으로 반대하는 화답시 「무방비 대문 Unguarded Gates」에서 이렇게 썼다.

> 활짝 열리고 무방비인 우리의 대문,
>
> 그리로 미개한 오합지졸이 몰려들어 온다.
>
> ......
>
> 구세계의 가난과 냉소를 도망쳐
>
> 알 수 없는 신과 교회를 데리고,
>
> 야수와 같은 격정이 그 발톱을 여기에 세운다.
>
> 거리와 길목에 낯선 언어가 시끄럽고,
>
> 우리 공기에 어울리지 않는 협박의 어조,
>
> 바벨탑에 있었던 목소리들!
>
> 아, 자유여, 백색의 여신이여! 좋은가
>
> 대문을 지키지 않아도?[33]

올드리치의 호소는 1924년에 만족할 만한 답을 얻었다. 마침내 대문은 닫혔다.

6

인종개량의 신화

세계 최고 국가 건설을 위한 '자기검열'

★★ '부적합자'를 강제 거세하는 〈단종법〉

1915년 어느 날, 뉴욕의 월 가에 한 떼의 빈민들이 줄지어 섰다. 우생학자들이 그들의 손에 쥐어준 손 팻말에는 이런 문구들이 적혀 있었다.

"나는 술을 마셔야 삶을 지탱할 수 있습니다.
이런 욕구를 다른 인간에게 옮겨야 할까요?"

"나 같은 종류의 인간이 아이를 갖지 않는다면
감옥과 정신병원이 가득 찰까요?"

"나는 이 글을 읽을 수 없습니다.
내가 무슨 권리로 자식을 가질까요?"

단종법 지지 시위에 동원된 빈민들

1915년 뉴욕 월 가에서 우생학적 단종법 제정을 촉구하는 팻말 시위를 벌인 이들은 빈민들이었다. 법이 제정되고 나면 그 단종 대상이 될 것이 뻔한 이들이 왜 시위에 참가한 것일까. 그 답은 이들 뒤로 보이는 말끔한 신사들이 쥐고 있다.

세계에서 가장 훌륭한 인종을 만들고 유지하고자 이민 제한법으로 대문을 걸어잠근 미국은 '집안 단속'의 필요성에도 눈뜨고 있었다. '불순물'은 밖에만 있는 것이 아니었다. 미국 안에도 우수한 미국 인종을 타락시키는 요소들이 존재했다. 도시는 그 근원을 알 수 없는 빈민, 떠돌이, 사회 부적응자, 매춘부들로 들끓고 있었다. 아무리 빗장을 잠갔다 해도 이미 들어와 있는 이런 문제적 인간들을 처리하지 않는다면, 가장 강력하고 우수한 인종을 만들겠다는 미국의 꿈은 멀어만 보였다. 사회적 '부적합자unfit'를 강제로 거세하는 〈단종법〉의 역사는 그렇게 시작되었다.

1927년, 20세의 캐리 벅Carrie Buck은 3년 전부터 '버지니아 간질 및 저능 수용소Virginia Colony for Epileptics and Feeble Minded'에 수용되어 있었다. 캐리의 어머니 엠마 벅Emma Buck도 이 기관에 갇혀 있었는데, 모녀에게 똑같이 적용된 병명은 '저능'과 '성문란'

이었다.

당시 사회에서 널리 통용된 '저능Feeble-Mindedness'이란 단어는 간질과 거의 동의어였으며, 부랑아와 홈리스(길거리 생활자), 떠돌이의 다른 말이기도 했다. 즉, 일정한 거주지 없이 떠돌이 생활을 하며, 규율과 질서로써 통제되지 않는 사람들을 뭉뚱그려 일컫는 용어였다. 이처럼 그 개념 자체가 모호한 상태에서 이들에 대한 종합적인 관리가 시작되었다. 이들은 모두 감옥과 크게 다르지 않은 시설에 수용되었는데, 수용소는 구제소와 정신병원, 요양원의 기능이 뒤섞인 곳이었다.[1]

하지만 엠마나 캐리는 우리가 생각하는 저능 혹은 정신박약과는 거리가 멀었다. 일례로, 1920년 '정신박약 위원회Commission on Feeblemindedness'에서 실시한 엠마 벅의 문진 기록표를 보면, 엠마가 질문을 정확히 인지하고 솔직하게 대답했음을 알 수 있다.

질문 : 범죄를 저지른 적이 있는가?
엠마 : 매춘.
질문 : 질병에 걸린 적이 있는가?
엠마 : 매독.
질문 : 제대로 된 상식적인 결혼의 틀 내에서 행동했는가?
엠마 : 아니오.[2]

그런데 이 문진이 끝난 뒤 엠마는 "지독하게 부정직한" 인물로 묘사되었고, 공식적으로 "정신박약"이라는 판정이 내려졌다. 엠마의 경우, 성적 방종과 떠돌이 생활이 정신박약 판정의 근거가 되었다. 판정 5일 후, 엠마는 수용소에 가두어졌고 죽을 때까지 거기에서 살았다.

엠마가 떠돌이가 되기 전에 낳은 딸이 캐리였다. 남편이 죽고 경제적으로 어려워진 엠마가 떠돌게 되자, 캐리는 보호 가족에게 맡겨지는 신세가 되었다. 캐리는 그 가정에서 식모살이를 하며 초등학교 6학년까지 학교를 다녔다. 학생기록부에 따르면, 캐리는 "품행 및 학습이 매우 우수"하다고 평가받았다. 이후 학교를 그만두고 이 집 저 집에서 가정부로 일하던 캐리는 17세 때 임신한 사실이 발각되었다. 캐리는 보호 가족의 조카가 자신을 강간했다고 주장했으나, 문제를 일으키고 싶지 않았던 보호 가족은 캐리를 수용소에 인도했다. 1923년 캐리는 곧바로 정신박약 판정을 받고, 이듬해 출산한 뒤 친모인 엠마가 갇혀 있던 시설로 옮겨졌다. 이로써 벅 모녀의 2대에 걸친 정신박약이 공식화되었다.

캐리 벅이 수용소로 이관된 직후, 버지니아 주는 공권력이 사회적 부적응자와 문제아들에게 강제로 거세 시술을 시행할 수 있는 〈단종법Sterilization Law〉을 통과시켰다. 버지니아 주는 미국 내 다른 30여개 주와 마찬가지로 우생학자인 해리 래플린이 제시한 '본보기 법'을 일부 수정하는 형태로 〈단종법〉을 만들었는데, 그 대상은 다음과 같았다.

캐리 벅(왼쪽)**과 그 어머니 엠마 벅**(오른쪽)

이들에게 붙여진 떠돌이, 성 문란, 저능의 표식은 국가적 복지제도가 부재한 시대를 살아야 했던 사회적 약자를 상대로 사이비 과학이 자행한 범죄나 다름없다.

유전적인 퇴화 및 불완전한 장애 요소가 있어서 사회적으로 부적합한 자녀를 생산할 가능성이 있는 모든 사람. 일반 시민이건 수용 시설의 수감자이건, 성격·성별·나이·결혼 여부·인종·재산에 관계없이.[3]

아울러 이 법을 만드는 국가의 목적은 "순수하게 우생학적인 차원"으로 "특정 장애인 부류가 번식함으로써 종자를 퇴보시키는 것을 막기 위함"이라고 밝히면서, 절대로 "처벌을 위한 것이 아님"을 분명히 했다. 버지니아 법은 특히 이것이 사회 전체를 보호하고 건강하게 만들기 위한 소수의 희생이라고 밝혔다.

버지니아 수용소에 관여하고 있던 우생학자들은 캐리 벅이야말로 새로 제정된 〈단종법〉을 적용할 수 있는 최적의 대상이라 판단했다. 이에 대해 캐리 벅의 변호인들은 주로 두 가지 근거에서 강제 거세술의 문제점을 지적했다. 첫째, 적법 절차 없이 시민의 권리를 박탈한다는 점, 둘째, 잔인하고 비상식적인 처벌을 금지하는 수정조항 18조를 어겼다는 것이었다.

그러자 수용소와 우생학자 측은 자신들의 주장을 입증하고자 캐리 벅의 딸에게 조사원을 파견했다. 당시 불과 생후 7개월이던 비비안은 캐리 벅의 보호를 맡았던 바로 그 가족에게 맡겨져 있었다. 문진이 가능할 리 없는 7개월 된 영아에게 어떤 조사를 했는지 알 수 없으나, 조사원은 "지체를 보인다"고 결론지었다. 이로써 "3대째 저능"의 증거가 확보되었다.

캐리 벅은 저능 백인 여성이며…… 같은 시설에 수용된 저능 여성의 딸이자, 저능 아동의 미혼모이다. …… 타락한 자손이 범죄를 저질러 처형될 때까지 기다리거나 저능 때문에 굶어 죽도록 내버려두는 것보다는, 그 종을 존속하는 것이 명백하게 부적합한 자들은 사회에서 태어나지 못하도록 하는 것이 온 세계를 위해 바람직하다. 의무적 예방 접종을 지지하는 원칙은 나팔관을 절제하는 것까지 포함할 만큼 충분히 광범위하다.

저능은 삼대로 족하다.[4]

1927년 5월 2일 미국 대법원에서 내놓은 이 판결문은, 20세의 미혼모 캐리 벅에게 강제 거세를 지시하는 버지니아의 주법이 미국의 헌법 정신에 위배되지 않는다고 결론지었다. 이로써 캐리 벅은 본인의 의사에 상관없이 아이를 낳을 능력을 상실하게 되었다. 태어날 가치가 없는 사람의 생산 능력은 예방접종으로 박멸해야 할 병균과 같은 것으로 전락했다.

물론 '3대째 저능'의 근거는 없다. 엠마와 캐리는 당시 비슷한 처지에 있던 수많은 여성들과 마찬가지로, 국가 차원의 복지제도가 부재한 남성 중심 사회에서 이중고를 겪어야 했던 여성 빈민이었을 따름이다. 그들의 지능에는 아무 문제가 없었다. 생후 7개월에 지체 판정을 받은 비비안은 나중에 초등학교에 입학하여 우등생이 되었다. 하지만 대법원의 판결은 돌이킬 수 없는 이정표가 되었다. 오늘날의 시각으로 보면 명백한 인권 유린 조치였던 〈단종법〉은, 1960년대까지 전국 33개 주에서 효력을 발휘했다. 이 법으로 인해 대략 6만 5천 명의 미국인이 자신의 의사에 반하여, 또는 자신도 알지 못하는 사이에 자손을 생산할 권리를 박탈당했다.

★★ 우생학과 혁신주의의 잘못된 만남

1907년 인디애나 주를 시작으로 33개 주에서 강제 거세를 합법화했던 〈단종법〉이 규정하는 유전적 질환에는 정신박약, 간질, 정신분열, 범죄 성향, 성 문란, 음주벽, 장님까지 포함되었다. 그러나 실제 거세 대상은 그보다 훨씬 더 광범위했다. 각 마을에서 '왕따'를 당하던 빈민 가정은 언제고 경찰의 갑작스런 방문을 받고 수용소로 보내질 수 있었다. 열한 살 때 나팔관 절제술을 받은 메리 도날드도 그런 경우였다. 1930년대에 수용소로 보내진 메리는 의사와 이런 문답을 주고받았다.

> 의사 : 지금 이 자리가 무슨 자리인지 아니?
> 메리 : 아니오, 선생님.
> 의사 : 이건 심각한 수술을 받아야 할 때 거치는 자리란다. 네 건강을 위해서지.
> 메리 : 제 건강을 위한 거라면 해야겠군요.

그러고는 바로 수술이었다. 그러나 수용소 측은 그것이 불임 수술이라는 사실을 알려주지 않았고, 메리는 자신이 자녀를 출산할 능력을 상실했다는 것도 모르고 살았다.[5]

또 이런 문진도 있었다.

의사 : 영화를 좋아하니?

환자 : 네, 선생님.

의사 : 만화를 좋아하니?

환자 : 네, 선생님.

의사 : 너한테 수술을 하면 싫겠니? 그렇니?

환자 : 아뇨, 선생님.

의사 : 그럼 되었다.[6]

결국 이 환자는 불임 수술을 받았고, 병원 기록에는 "자발적으로"

수술을 원했다고 적혔다. 미국에는 수많은 캐리와 메리가 있었다.

살펴봤듯이, 강제 거세술의 시행에는 우생학이 큰 역할을 담당했다. 우생학은 기본적으로 지능검사와 신체검사에서 우열을 가르는 기준이 될 표본을 제시했다. 정신지체 여부를 판단할 지능검사, 즉 IQ 테스트를 개발한 이들도 미국의 우생학자들, 넓게 보자면 생물학적 결정론자들이었다. 앞 장에서 '비네검사'의 수입을 주도한 고다드가 지능검사를 이민 규제 수단으로 사용하는 것을 보았다. 그런데 여기서 한 걸음 더 나아간 사람이 루이스 터먼Lewis M. Terman이다.

스탠퍼드 대학 교수였던 터먼은 비네검사를 더 정교하게 다듬은 '스탠퍼드-비네 테스트'를 만들었다. 이것이 바로 선천적 지능을 측정하는 대표적 검사법인 'IQ 테스트'의 표준이다. 터먼이 지능검사를 중시한 까닭은, 이 검사로 각종 사회악의 근본 원인들을 '감별'할 수 있다고 믿었기 때문이다.

모든 범죄자가 정신박약인 것은 아니지만, 모든 정신박약자는 적어도 잠재적인 범죄자이다. 정신박약 여성들이 모두 잠재적 매춘부라는 사실은 누구도 반박할 수 없을 것이다. 사업적이거나 사회적인 판단, 또는 그 밖의 다른 사고 과정과 마찬가지로 도덕적인 판단도 지능의 활동이다.[7]

터먼은 지능검사를 이용하여 인간 사회에 도움이 되지 않는 불순물들을 배제하고, 우수한 지능의 소유자에게 그에 적합한 직업을 갖도록 교육시킬 수 있다고 주장했다.

20세기 초, 우생학이 퍼뜨린 또 다른 '위험한' 사고는 정신적 장애나 결함들이 유전된다는 믿음이었다. 당시에는 인간의 모든 특성이 유전인자로 결정된다는 것이 과학이자 진리로 통용되었다. 터먼과 함께 우생학적 성과를 이용하여 미국민을 차별적으로 등급화하는 데 기여한 유전학자 래플린은 이렇게 단언했다.

현대의 연구들은 정신착란, 간질, 범죄, 매춘, 가난, 정신질환이 모두 기능적으로 얽혀 있으며, 가장 저능하고 완전히 저질인 집단이 가장 번식력이 강함을 보여준다. 제1세대의 정신박약은 다음 세대에 빈민 혹은 정신병자를 낳는다.[8]

물론 이는 그야말로 터무니없는 믿음이었다. 사실상 터먼조차도 도덕과 계급, 인종 등이 지능에 어떤 영향을 미치는지 입증하지 못했다. 터먼은 빈민가나 고아원에서도 지능이 높은 아이들을 많이 발견했다. 하지만 이런 결과가 지능과 사회문제가 깊이 연관

루이스 터먼(1877~1956)

미국의 인지심리학자로서, 스탠퍼드 대학의 교수로 재직하며 '스탠퍼드-비네 IQ 검사법'을 만든 것으로 유명하다. 우생학자이며 '인종개량재단 Human Betterment Foundation' 위원이었다.

되어 있다는 그의 신념을 흔들지는 못했다.

지능이나 성격처럼 타고난 특징이 우연보다는 그 가족이 속한 사회 계층에 의해 결정된다는 것을 상식적 관찰로써 확인하지 않았나? 유전과 관련하여 이미 알려진 사실을 통해, 우리는 유복하고 교양 있고 성공한 부모의 아이들이 슬럼가나 빈곤한 환경에서 자란 아이들보다 우수한 자질을 갖추었을 것이라고 자연스럽게 기대하지 않는가?[9]

어떠한 의외의 결과도 터먼이 말하는 '상식'을 바꿀 수는 없었다. 지능검사는 이미 존재하는 편견을 진리로 만드는 데 이용된 도구일 뿐, 과학적 진리와는 거리가 멀다는 것을 터먼 스스로 인정한 셈이다. '상식'과 '사실'은 이미 결정된 것이기 때문에, 기대와 다른 검사 결과가 나왔다고 해서 고민할 필요는 없었다.

다만 아무리 당시 사회 분위기가 우생학을 과학적 진리로 받아들였다고 해도, 어떻게 강제 거세를 법으로 규정할 수 있었는지는 여전히 의문이다. 그리고 왜 그렇게까지 해야 했을까? 특히 캐리 벅 사건에서 보듯 본인이 수술을 원하지 않는 것이 확실하고, 헌법에 보장된 개인권의 침해가 의심되는 강제적인 정책을, 그것도 대법원 심사라는 지극히 공식적이고 공개적인 절차로 뒷받침했다는 사실은 우생학의 영향만으로 설명하기 어렵다. 이는 개인 생활에 공권력이 개입하는 것이 정당하다는 믿음, 나아가 이런 개입이 필요하다는 대중적·사회적 공감대 없이는 불가능한 일이다. 그

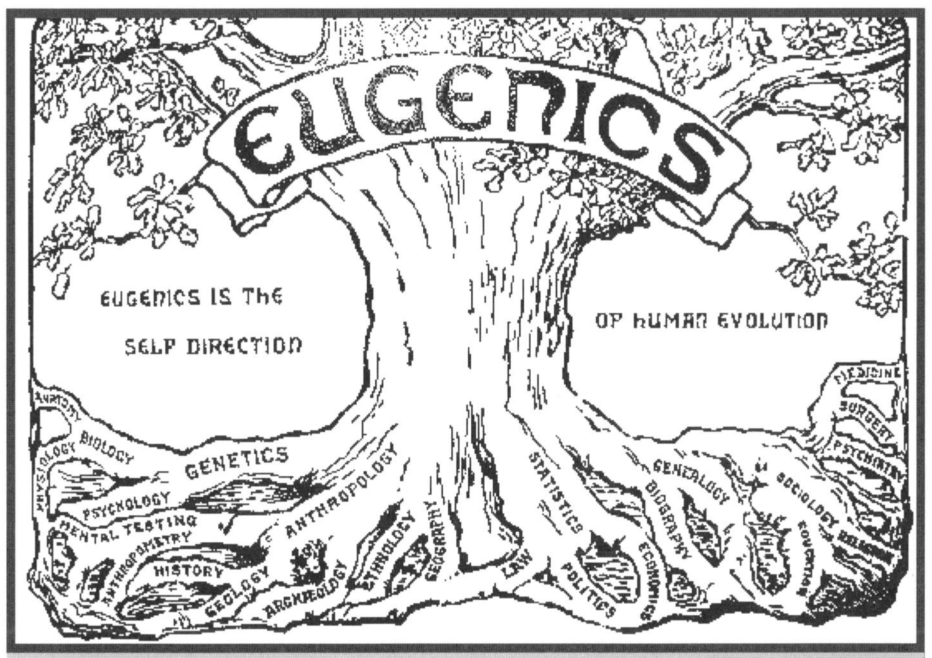

'우생학 나무'
'인종개량재단'이 발간한 우생학 홍보책자(1921)에 실린 그림. 우생학이 25개 과학 분야가 거둔 성과의 산물임을
자랑하는 내용이다.

리고 이것이 바로 혁신주의의 기본 명제였다.

여러 가지 면에서 혁신수의와 우생학은 본질적인 특성들을 공
유했다. 과학적 탐구력에 대한 믿음, 공공 개념을 개인권보다 우
선시하는 것, 국가 정책으로 효율적인 사회통제를 성취할 수 있다
는 신념이 그것이다.

즉, 혁신주의는 과학적 성취(science, technology)에 기대어 정책을
추구하고, 그 정책들을 통해 사회정의(social justice)를 추구하는 한
편, 그 결과로서의 사회통제(social control)를 지지한다. 이를테면

캐리 벅의 나팔관 절제를 집행했던 국가는 그것이 사회정의 구현이라고 믿었고, 국가가 법을 동원하여 그렇게 할 권한과 책임이 있다고 판단했다. 그리고 기존의 과학 지식으로 그 필요성과 효용성이 입증되었다고 굳게 믿었다.[10] 이렇듯 과학, 사회정의, 사회통제의 결합이라는 점에서 혁신주의와 우생학은 맥을 같이했다.

★★ 계급 · 인종 차별로 변질된 산아제한운동

미국은 외국인에게 문을 닫고 이 땅을 방문하는 이들에게 다른 나라보다 덜 친절하면서도, 우리 국경 안의 쓸모없는 외국인과 내국인의 신속한 번식을 막으려는 노력은 전혀 하지 않고 있다. 오히려 미국 정부는 백치, 장애인, 환자, 정신박약, 범죄 집단들이 급속도로 번식하는 것을 조장하고, 심지어 반드시 그렇게 하라는 법까지 만들었다.[11]

미국 산아제한운동의 대모로 알려진 마거릿 생어Margaret Sanger가 1925년에 한 연설의 일부이다. 여기서 생어는 〈단종법〉 지지자들과 같은 논리로 미국 내부의 불순물을 걸러내야 한다고 주장했다. 생어가 여성들에게 피임 방법을 널리 알리고 교육한 목적도 이런 불순한 요소들의 증가를 막는 데에 있었다.

이 시점에서 생어가 걱정한 것은 다산으로 인해 피폐해진 여성의 몸이 아니라 좀 더 큰 문제, 즉 국가의 복지였다. 미국 인구 가운데 특정 부류의 증가가 각종 사회문제의 원인이 되고, 다른 국민에게 부담을 주고 있다는 판단 때문이었다.

해마다 수백만 달러가 세금으로 모아져서 장애인, 정신박약자, 정신병자와 범죄자들에게 쓰이고 있다. 이는 자신의 생계를 꾸릴 능력이 있는 모든 이들이 돈을 벌어서 자기 자신과 가족을 책임질 뿐만 아니라, 비용이 많이 드는 이 사람들을 사회에서 안고 가는 것까지 도와야 한다는 것을 의미한다.[12]

생어는 과도한 사회복지 비용, 특히 자선사업에 돈을 쓰는 것을 비판했다. 공공의 예산으로 가치 없는 사람들을 돕는 것은 효율적이지 못한 정책이라는 생각이었다.

미국 대중은 우리 문명의 기반을 위협하며 증가하고 있는 저능 인종 race of morons을 건사하느라 과세, 그것도 아주 심한 과세를 당하고 있다. 우리나라 전체 수입의 4분의 1 이상이 정신병원, 교도소, 그리고 장애인·환자·일탈자들을 보살피는 데 쓰인다. …… 우리가 이

마거릿 생어(1879~1966)

미국 산아제한 운동가. '미국산아제한협회'의 창립자이기도 하다. 피임법 홍보가 급진적 여권주의운동으로 받아들여지던 시절, 여성이 자기 몸에 대한 통제권을 가져야 한다고 주장한 선구자였다. 그러나 나중에 우생학을 받아들였다.

렇듯 분명히 부적합한 사람들의 재생산을 저지할 수 있다면, 이는 현재 적합한 사람들의 진보를 가로막고 있는 경제적·사회적 짐을 덜어주는 것이다. …… 시작이 반이다.[13]

글이나 연설에서 생어는 특정 인종이나 민족 집단을 지목하지 않았다. 다만 우생학적 분류로 보았을 때 '열성인자'들에게 초점을 맞추었다. 〈단종법〉으로 재생산을 막고자 했던 바로 그 정신박약, 범죄성, 장애인들이 생어에게도 문제의 핵심이었다. 그래서 국가 전체의 질을 밑으로 끌어내리고, 나머지 국민들에게 부담을 전가하는 이 "사회적 기생충"들의 수를 줄일 방법을 찾자고 주장한 것이다.[14]

이것이 미국의 사회운동가이자 여성해방운동의 기수로 알려진 마가렛 생어의 말년이었다. 생어는 주로 산아제한을 통해 여성해방을 이루자고 주장했다. 처음에는 그랬다. 1910년대에 생어는 뉴욕 맨해튼 슬럼가에서 방문 간호사로 일하며 이민 가정들을 도왔다. 이때 무계획적인 잦은 출산으로 이민 여성들이 건강을 해치고 있다는 사실을 알게 된 생어는 피임법을 홍보하기 시작했다. 당시에는 남녀 간의 성행위를 공개적으로 언급한다는 것 자체가 충격이었다. 1914년 생어는 『여성반란Women Rebel』이란 '음란출판물'을 간행·배포한 혐의로 기소되었다.

이때까지만 해도 생어는 분명 여권운동으로서의 산아제한을 이야기했다. "여성은 자기 육체의 완전한 주인이 되어야 하며……

스스로 행동하고 억제할 권리, 즉 생명을 생성시키거나 그 생성을 억제할 수 있는 절대적 권리를 가져야만 한다.”고 주장했다.[15] 여성에게 참정권도 없던 시대에 여성의 몸에 대한 완전한 통제권이라는, 시대를 훨씬 앞서 나가는 주장을 편 것이다.

하지만 생어의 사상은 1921년 무렵부터 변화를 보인다. 대중적 비난을 받으며 유럽으로 도피하고, 수감 생활까지 겪으면서도 계속 산아제한운동을 홍보하는 《산아제한평론*Birth Control Review*》지를 간행하고, 시내에 홍보소까지 운영하는 모험을 감행하던 생어는 점차 우생학적 논지를 수용하기 시작했다.

> 오늘날 우생학이 인종, 정치, 사회문제들의 해결책을 제시할 가장 적절하고 완전한 방법이라는 것이 가장 유능한 인재들의 노력으로 밝혀졌다. …… 산아제한의 우생학적, 문명적 가치는 개화되고 현명한 이들 사이에서 분명해지고 있다.[16]

우생학은 당시 가장 지적인 미국인들이 받아들이는 주류 학문이 되어 있었다. 이런 상황에서 산아제한운동과 우생학을 결합시키는 것은 산아제한운동을 확산시키고, 그 이론적 타당성을 담보할 수 있는 중요한 전략이었다. 여성의 권리로서가 아니라, 인종의 개량과 국익을 위해 추진하는 산아제한이라면 그것을 수용할 미국인이 얼마든지 있었다. 그 결과, 생어는 산아제한이 “정말 위대하고 가장 진정한 의미에서의 우생학적인 전략이며, 우생학 프로그램의 일부로서 이를 적용하는 것은 그 과학에 탄탄하고 현실적인 힘을 즉각 실어줄 것"[17]이라고 주장하기에 이른다.

그런데 흥미롭게도, 생어가 우생학을 적극적으로 받아들인 것을 우생학 쪽에서는 별로 달가워하지 않았다. 인종주의적 이민법 제정에 기여한 당대의 우생학자 찰스 데븐포트는 "선행을 하려는 생어 여사의 의도에는 의문의 여지가 없다. 또한 여사가 우생학을 강하게 지지한다는 점도 의심치 않는다. 그러나 나는 여사가 우생학이 뭔지 정확히 알고 있는지 매우 의심스럽다."며 생어와 연합하는 것을 반대했다. 데븐포트는 백만장자 에드워드 H. 해리먼 Edward H. Harriman(유니온퍼시픽 철도회사)이나 앤드류 카네기 Andrew Carnegie(카네기 강철회사)와 같은 사회 명사들이 포함된 우생학 후원 집단에 마거릿 생어처럼 사회적 물의를 일으킨 여성이 들어오는 것이 우생학 발전에 도움이 되지 않는다고 생각했다.[18]

여기서 생어가 우생학을 수용한 것이 단지 산아제한운동의 확산을 노린 전략적 선택에 불과했는지 짚고 넘어가야 한다. 단순히 그렇게만 보기에는 우생학을 받아들인 이후 생어가 보인 어조와 태도의 변화가 지나치게 단호하다. 1921년 출판된 저서 『문명의 추축*The Pivot of Civilization*』은 우생학자로 거듭난 생어의 정치적 선언문이나 다름이 없었다. 이 책의 어디에도 여성의 권리에 대한 언급은 없다. 다만 피임의 확산이 국력과 문명의 진보에 기여할 것이라고 역설하고 있다. 물론 그 핵심에는 '가치 없는 부류의 번식 통제'라는 피임의 중대한 기능이 자리하고 있었다.

모든 유전적 유형의 정신박약 소녀나 여성은, 특히 '노둔moron'(저
능) 등급은 신체적으로 임신할 수 있는 시기에 격리되어야 한다. 그
렇지 않으면 백치 아동을 임신할 것이 거의 확실하며, 그 아이는 또
다시 다른 결함이 있는 자녀를 낳을 것이다. …… 한 세대 혹은 두
세대만 격리해서는 문제를 부분적으로밖에 통제할 수 없다. 모든 정
신박약자가 후대 장애자의 끝없는 시작점이 될 수 있음을 상기할 때,
우리는 즉각적인 단종으로써 정신박약자가 부모가 될 수 없게 완전
히 금지시키는 정책을 지지한다.[19]

여기서 생어의 언어는 〈단종법〉을 지지한 여느 우생학자와 다
를 바 없다. 더 넓은 의미에서 단종을 추진하는 방법으로 생어는
피임운동을 주장했다.

생어가 창설한 '미국산아제한협회American Birth Control Federation'
는 1930년대에 흑인 밀집 거주 지역인 뉴욕의 할렘에 특별히 홍보소
를 설치했다. 다산 문제가 가장 심각하다고 판단된 흑인 집단을 대
상으로 적극적인 산아제한운동을 벌이기 위해서였다. 이른바 '흑인
프로젝트Negro Project'가 시작된 것이다.

다양한 피임 및 낙태 방법을 동원해 흑인 인구 조절에 힘쓴 이
운동은 '흑인들 자신의 복지를 위한' 운동으로 선전되었다. 산아제
한협회의 흑인 프로젝트는 곧 남부로 파급되어 남부 흑인들을 집
중 관리하는 데 이용됐다. 이 프로젝트의 시행 결과, 한때 매일
1,200여 명의 흑인이 낙태 시술을 받을 정도로 '성과'를 거두었다.

생어는 흑인들의 "조심성 없고 손해를 끼치는 번식"을 막아야 한다고 주장했다.[20]

마침내 산아제한운동은 계급에 이어 인종적인 차별 정책으로 발전했다. 여성의 권리라는 관점에서 시작된 산아제한운동이, 우생학적 시각을 사상적 바탕으로 받아들이며 사회통제적인 기능을 강조하게 되면서 일어난 일이다.

★ 우량아 선발대회의 비밀

20세기 전반에 미국인을 염려시킨 문제는 열성인자, 다시 말해 사회적 '부적합자'들의 증가만이 아니었다. 같은 맥락에서 우성인자의 증식이 원활하지 않은 것도 미국인들의 마음을 불편하게 했다.

따지고 보면 〈단종법〉이나 산아제한운동은 '열생학dysgenic', 즉 부적합한 요소의 제거를 목표로 하는 '부정적 우생학negative Eugenics'에 해당한다. 그러나 진정한 의미에서 우생학은 "좋은 태생"이 무엇이며, 또 어떻게 만들어지는지 연구하는 학문이다. 우생학의 창시자로 알려진 19세기 영국의 프랜시스 골튼Francis Galton(1822~1911)이 주목했던 것은 상류 계층의 유전적 요소였다. 미국에서도 열생학 연구가 활발히 진행되는 한편으로, 이처럼 좋은 유전인자를 찾아내는 데 초점을 맞춘 운동이 일어났다.

이 '긍정적 우생학positive Eugenics', 즉 우성의 증식을 추구하는 운동 가운데 잘 알려진 것이 바로 '우량아 선발대회Better Babies Contest'이다. 1908년 루이지애나 주 축제 행사의 하나로 시작된 우량아 선발대회는, 가장 훌륭한 신체·행동·정서 발달을 보이는 영아와 유아를 뽑는 대회였다.

19세기 말부터 20세기 초까지, 미국에서 첫 번째 생일을 맞이하기 전에 사망하는 영아의 수는 전체 영아의 15~20퍼센트에 육박할 만큼 많았다. 따라서 혁신주의운동의 중요한 한 갈래가 아동의 건강과 복지를 증진하는 운동이었음은 놀라운 일이 아니다.[21] 우량아 선발대회 역시 아동복지에 대한 경각심을 일깨우자는 취지에서 시작되었다.

미국에서 처음 우량아 선발대회를 기획한 사람은 전직 초등학교 교사인 메리 드가모Mrs. Mary DeGarmo 여사였다. 드가모는 당시에 유행하던 '베이비 쇼Baby Show'(미국 박물관들이 이 쇼를 개최했는데, 너무 가난하거나 외국 태생인 아기들은 제외됐다.)에 과학을 덧붙이고, 점점 높아져가는 아동복지에 대한 관심을 접목시켰다. 여기서 과학이라 함은 모든 것을 표준화하고 측정하여 심사의 기준으로 삼았다는 뜻이다. 실제로 드가모는 최초의 선발대회 명칭을 '과학적 아기 선발대회Scientific Baby Contest'라고 붙이고, 지역 소아과 의사인 제이콥 보덴하이머Jacob Bodenheimer를 영입하여 과학적 객관성을 보증했다. 이처럼 최초의 우량아 선발대회는 표준이 될 만한 우량아를 선발하여 그 기준을 제시함으로써, 어린이들의 생명을 연장시키고 더 나은 후속 세대를 만들겠다는 진정한 우생학

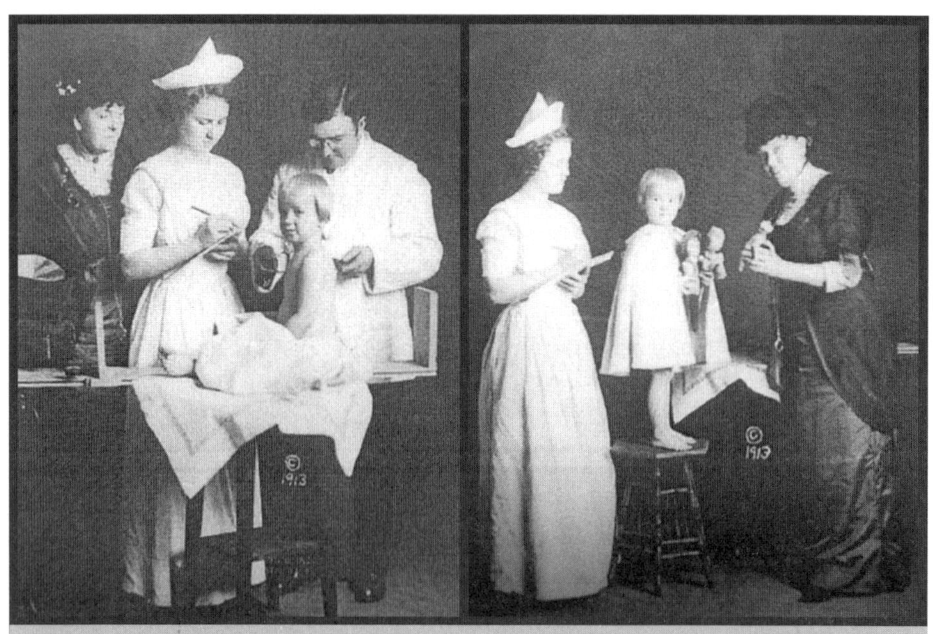

'과학적 아기 선발대회'

보텐하이머 의사가 대회에 출전한 아기의 신체를 부위별로 측정하고, 대회 기획자인 드가모 여사가 이를 지켜보고 있다. (왼쪽) 아기에게 인형을 주고 어떻게 놀이하는지 관찰하며, 아기의 정신 상태와 행동발달 정도를 평가하는 드가모 여사. (오른쪽)

운동의 일환으로 시작됐다.[22]

우량아 선발대회는 여러 가지 면에서 당시 품종 개량을 위해 광범위하게 실시되던 우량 가축 품평회와 닮은꼴이었다. 대회 참가를 신청한 유아는 보덴하이머 의사와 드가모 여사에게 꼼꼼히 검사를 받았다. 우선 의사는 신장, 체중, 머리 둘레, 가슴 둘레, 팔과 다리 길이를 포함한 아기의 모든 신체 규격을 측정했다. 그러고 나면 드가모가 아이와 대화를 나누어서 행동 발달 정도를 평가했다. 최고 우량아로 뽑힌 아기는 트로피와 가운을 받았고, 그

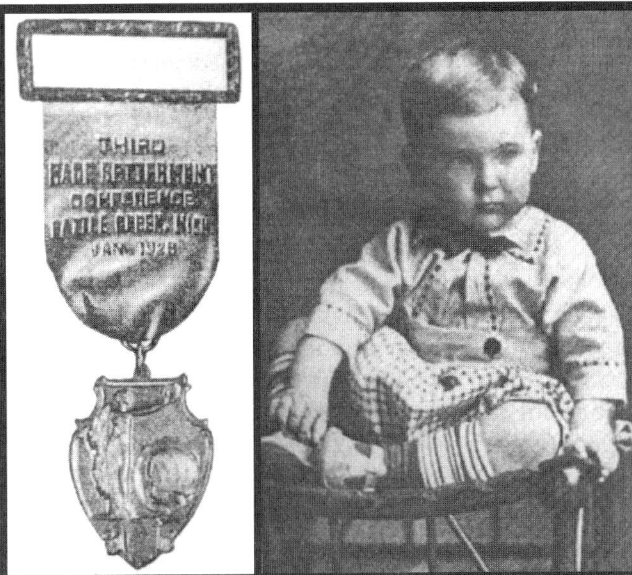

'최고 우량아'
1928년 미시간 주 배틀크릭
에서 개최된 제3회 인종개량
회의 때 최고 우량아로 선발
된 남아와 이 아기에게 수여
된 메달.

아기의 사진은 곧 지역 신문을 도배했다.[23]

그런데 대회가 거듭되며 우량아로 선발된 아기들에게서 어떤 공통점이 발견된다고 대회 측이 주장하고 나섰다. "지적이고 우수한 부모들에게서 우량아가 더 많이 나온다."는 것이었다. 이는 사실이었을 것이나, 일정한 교육 수준과 경제력 없이는 우량아 선발 대회에 응모하고, 그 모든 심사 항목에 맞춰 서류를 제출하기가 어려웠기 때문이다. 그리고 심사의 기준이 되었던 '표준' 항목 자체가 빈민가 아이들의 상태와는 거리가 있었을 것이다. 선발대회가 요구하는 신체 발달 정도와 정서적 안정, 행동 발달 수치 등의 조건을 충족시키려면 '잘 먹고 잘 교육받은' 중산층 이상의 아기여야 했다. 이렇게 이미 정해진 결론을 가지고서 우생학자들은 재

'적합한 가족 선발대회'

1924년 조지아 주에서 열린 '적합한 가족 선발대회'장 모습이다. 참가자들과 관람객들이 기념사진을 찍었다.

미있는 결론을 이끌어냈다. "그러므로 이런 부모들이 더 많은 아기를 낳게 해야 한다."[24]

1920년에는 우량아 선발대회에 그치지 않고 '우량 가족'을 선발하는 행사가 마련되었다. 정확한 행사 명칭은 '미래의 가정을 위한 더 적합한 가족Fitter Families for Future Firesides' 경연대회였다. 여기서 적합함을 뜻하는 'fit'은 바로 다윈의 '적자생존Survival of the Fittest' 개념으로, 〈단종법〉이나 산아제한운동이 교정 대상으로 바라본 '부적합자들the unfit'의 대립항이었다. 따라서 적합함은 곧 더 우월하기에 마땅히 생존해야 하는 우수 종자를 의미했다.

적합한 가족 경연대회는 이 시대의 대표적 우생학자인 찰스 데

'적합한 가족'

1924년 조지아 주 사바나의 한 지역 신문에 실린 적합한 가족 선발대회 소식과 선발된 가족에게 주어진 메달. 메달에는 "예, 나는 훌륭한 유산을 갖고 있습니다." 라고 새겨져 있다.

브포트가 제공한 '가족 평가표'에 따라 순위를 매기고 우열을 나누었다. 대기업 산하 연구기관의 대표 주자였던 록펠러 재단과 이스트만 재단이 이 대회 활동을 후원했으며, 1928년 '인종개량재단 Race Betterment Foundation'으로 확대 재편되었다.

인종 개량. 적합한 가족을 선발하는 재단은 이 명칭이 의미하는 대로 인종의 질 개선을 목표로 삼았다. 그리하여 해당 가족과 그 가계의 유전적 요소들을 면밀히 검토하여, 어떤 결혼이 사회에 더 적합한 가족을 만들어내는지 보여주고자 했다. 이 재단의 설립자 가운데 한 사람인 플로렌스 브라운 서본Florence Brown Sherbon 박사는 이렇게 한탄했다. "농부라면 자기 가축을 잡종과 교배시키지 않을 것이다. 그럼에도 자기 자녀가 잡종 가족의 일원과 결혼하는 것은 곧잘 허락한다.”[25] 인간이 동물에 보이는 관심만큼만 자신의 질적 개량에 관심을 갖는다면 이 사회가 얼마나 진보하겠는가!

적합한 가족으로 선발되려면 눈에 보이는 것 이상으로 내적·유전적 자격을 갖추어야 했다. 응모 가족은 자기 가족뿐 아니라 조상에 대해서도 상세히 기록하여 제출해야 했다. 그리고 당연히 지능검사(IQ test)가 실시되었고, 유전적인 요소들도 면밀히 조사받았다. 가족 구성원을 평가하는 항목도 사회성, 교육, 직업, 치과, 심리, 정신과, 골상, 인종, 병력 등 매우 다양했다. 심사위원들은 이 모든 항목을 검토하는 데에 엄청난 시간을 들여야 했다. 적합한 가족 경연대회는 박람회나 축제 등의 행사와 함께 개최되었고, 전국적으로 확산되었다.[26]

적합한 가족 경연대회는 우성인자를 홍보할 목적에서 기획된 대회였으나, 그 결과는 더 심오했다. 이런 대회는 결혼 적령기에 있는 젊은이들에게 결혼 전에 유전되는 요소들까지 고려해야 한다는 일종의 경고로 작용했다. 유전적으로 우월한 배우자를 만나 좀 더 좋은 태생의 2세를 생산해야 한다는 사고방식이 유행하며, 의사가 결혼 상담 역할을 담당하는 웃지 못할 사태까지 벌어졌다. 우생학적 기준으로 봤을 때 부적합한 조건을 가진 가족은 번식할 자격이 없다고 여기는 일이 실제로 일어났다.[27]

이처럼 인종을 개량하고, 우수 인종을 확산시키려는 ‘긍적적인’ 목표 아래 시작된 우생학이 결과적으로는 ‘부정적인’ 인종을 만들

어냈다. 근본적으로 열성의 박멸과 우성의 확산이란 것이 모두 우
열을 인정하고 가르는 차별적인 세계관에 근거하고 있기 때문이
다. 우성과 열성, 바람직한 것과 바람직하지 않은 것, 적합한 것과
부적합한 것, 미국적인 것과 비미국적인 것……. 이러한 구분과
선택 혹은 배제는 19세기 말 이래 미국이 취해온 국가 정체성 형
성의 방법이었다.

　우생학이 주장했던 '인종 개량'은, 그것이 열성인자의 제거이건
우성인자의 번식이건 간에 더 우수하고 강인한 인종을 만들어 세
계에서 가장 강력한 국가를 건설하자는 주장으로 그 정당성을 확
보했다.[28] 미국 인종은 이미 훌륭했지만, 세계 최고의 질을 유지하
려면 끊임없이 '관리'를 해야 했다. 〈단종법〉이나 산아제한운동,
우량아 및 적합한 가족 선발대회 등은 모두 이러한 '자기검열'의
수단이었다.

변화와 정체성

19세기 말부터 20세기 초 사이에 미국은 엄청난 변화를 겪었다. 인구에서 외국인이 차지하는 비율의 급증, 농촌에서 도시로의 중심 이동, 가속화된 산업화, 그리고 해외에 점령지를 둔 제국으로의 도약……, 이런 변화들은 모두 미국이 이전 세기와는 다른 국가로 진화하는 요소로 작용했다. 이 격변과 혼란의 시기에 미국은 무엇이 '미국적인' 것인지, 또 무엇이 '비미국적인' 것인지를 구분짓고 판가름하며 새로운 국가에 알맞은 정체성을 만들어갔다. 이 책에서 다룬 혁신주의운동은 바로 그러한 정체성에 대한 근본적 질문들과 맞닿아 있다.

통합과 배제

개혁을 통해 좀 더 나은 세계를 만든다는 혁신주의가, 통합과 배제라는 서로 상반되는 정책을 동시에 추구했던 것은 필연적인 결과였다. A가 B보다 낮다는 가치판단의 근거 속에는 이 개혁을 주도한 세력의 계급적·인종적 편견이 '필연적으로' 스며들 수밖에 없기 때문이다. 그 결과, 미국적인 가치에서 끊임없이 소외되었던 집단들에게 개혁은 치명타였다.

이런 주장에 대해, 비록 일부 집단이 간혹 불이익을 받긴 했어도 그 개혁으로 미국이 강대국으로 성장했으므로 개혁에 후한 점수를 주어야 한다고 반박하는 사람도 있을 것이다. 이른바 '대의를 위한 소의의 희생' 논리, 개혁의 '대가' 논리다.

개혁의 의의

이러한 주장에 두 가지 근거를 들어 이의를 제기한다.

우선, 그 강대국 건설을 위해 강제로 포기당한 것이 너무도 엄청났다. 종종 그 '대가'는 일부 집단의 사소한 양보를 넘어서, 개인의 생명과 행복 추구권의 포기를 의미했다. 정상적인 가족의 보호를 받지 못해 정신박약으로 몰리고 급기야 아이를 낳을 능력까지 박탈당한 캐리 벅에게, 너의 작은 희생으로 사회가 더 건강해졌다고 말하는 것이 공정하고 온당한가? 광활한 서부를 개발한 덕분에 오늘날 미국이 세계 최강대국이 되었으니, 당신들의 희생이 대의를 이루는 밑거름이 되었다고 치하한다고 해서 그로 인해 생존 기반을 영원히 잃고 만 서부 원주민들의 슬픔이 덮어질까? 이 세상에, 큰 것을 위해 작은 것을 희생하라는 말은 모두 거짓이다.

그러므로 그 개혁이 누구를 위한 것이었는지, 그 진보라는 것에서 이득을 본 사람들은 누구였는지 묻는 작업은 의미가 있을 것이다. 한 마디로, 19세기 말~20세기 초 미국에서 실행된 개혁은 그 기준 자체가 특정 이데올로기를 담지하고 있었으며, 결국 그 연장선상에 국경과 대양을 넘어선 제국주의 침탈이 강행되었다고 보는 것이다.

개혁의 대가 운운하는 주장에 반대하는 둘째 이유는, 이러한 개혁 논리가 지금도 계속 이어지고 있다는 것이다. 20세기 초의 혁신주의 개혁은 루스벨트의 '뉴딜New Deal'로 이어지고, 1960년대 말의 사회정책들로 연결되어, 오늘날까지도 '개혁'을 앞세운 세력을 통해 명맥을 유지하고 있다. 그런데 이미 혁신주의 시대에 노정된 한계들은 그 이후의 개혁에서도 여전히 극복되지 못했다. 뉴딜 정책은 좀 더 많은 소외계층에게 사회정책의 혜택을 확대시키고자 했고 일부 성공하기도 했지만, 복지정책마저 계급적으로 양극화된 구조에 편입시켰다는 비난을 면치 못했다. 60년대의 개혁들 역시 뉴딜이 해결하지 못한 문제들을 적극 껴안으려 했지만, 오히려 빈민과 특정 인종 집단에 사회적 낙인을 찍는 결과를 낳았다.

문제는 혁신주의 시대에 고착화되는 '적합한fit' 혹은 '부적합한unfit', '가치 있는deserving' 혹은 '가치 없는undeserving', '우성superior' 혹은 '열성inferior' 등의 구분이 당시 정책을 결정했을 뿐 아니라, 오늘날에도 여전히 사회정책의 대상을 가리는 기준으로 쓰이고 있다는 것이다. 반복되는 실수는 실수가 아니다. 개혁이 사회통제로써 사회정의를 실현하겠다고 주장하는 순간, 그 본질은

변질될 수밖에 없다.

혁신주의운동의 결과물들이 오늘날 미국 사회정책과 사회구조를 결정하는 데 핵심적인 역할을 담당했기에, 이를 비판적으로 정확히 평가하는 것은 더없이 중요하다. "원래 내 것인 것을 주었다고 그 사람에게 감사하다고 할 수는 없다."는 후대의 흑인 지도자 말콤 엑스Malcolm X의 말을 기억해야 한다.

혁신주의와 제국주의

내가 이 책의 주제인 혁신주의와 제국주의의 밀월 관계, 혹은 혁신주의 개혁에 숨겨진 인종적·계급적 한계에 주목하기 시작한 것은 미국 근대사 시간에 마주친 시어도어 루스벨트 대통령 때문이다.

남북전쟁 후부터 2차 세계대전까지 다루는 미국 근대사 수업에서 아홉 번째 시간의 주제는 어김없이 혁신주의 시대이다. 이때 루스벨트는 정의로운 혁신주의자로 등장한다. 그는 뉴욕 슬럼의 폐해에 격분하고, 슬럼을 개선하고자 불철주야 뛰어다니며, 대통령으로 독점반대운동에 앞장선 '영웅'이다. 미국인들은 그런 그를 지금까지도 중요한 대통령으로 기억하고, 그의 애칭(Theodore)을 딴 봉제 곰 인형 '테디' 베어는 100년 동안 꾸준히 사랑받고 있다.

그런데 혁신주의에 이어 곧바로 등장하는 제국주의 시대 속의 루스벨트는 전혀 다른 모습이다. 루스벨트는 제국주의자로서 라틴아메리카를 상대로 '큰 몽둥이Big Stick' 정책을 추진하고, 쿠바 전장에 자원하여 뛰어든다. 파나마 운하 건설이나 필리핀 식민화 문제 처리에서 드러나는 그의 저돌적인 팽창정책과 명백한 인종주의는 '혁신주의자'라는 그의 또 다른 수식어와 전혀 어울리지 않았다. 어떻게 같은 사람이 이렇게 다를 수 있단 말인가.

이 의문에 대한 답은 루스벨트의 저서 속에 있었다. 그가 추구했던 도시 개혁과 세계 개혁은 근본적으로 똑같은 우월감과 오만함에서 비롯된 것이었다. 이는 루스벨트 개인의 이중성 문제가 아니라, 바로 같은 시대의 혁신주의와 제국주의의 공존이라는 더 광범위한 시각으로 바라봐야 할 문제이다. 즉, 이 시기 미국은 자신들이 정복한 모든 자연과 환경, 인간과 지역들을 위에서 아래로 내려다보며, 일정한 방식으로 이 대상들을 '미국화'하는 정책을 일관되게 추진해왔다. 다시 말해서, 혁신주의와 제국주의는 하나의 세계관을 표현하는 두 가지 방식인 것이다. 다른 점이라면, 전자는 대내용(국내)이었고 후자는 대외용(국제)이었다는 것이다.

이 책에서 다룬 1893년 시카고 만국박람회는 이 같은 추론에 결정적인 힘을 실어주었다. 시카고 박람회는 여러 가지 면에서 의미심장한 사건인 동시에, 그 자체가 하나의 상징이기도 하다.

우선 박람회는 세계에 미국을 알리고, 미국인에게 세계를 알리는 장소로 기능했다. 박람회는 이제 산업화와 도시화의 정점에 도달한 미국이 펼쳐 보인 자신감이자, 미국이 정복한 세계의 전시장이었다. 이 박람회는 혁신주의자들이 이룬 개혁의 성과들을 한자리에서 선보였고, '백색도시'로 미국을 개편하겠다는 그들의 사명감과 열망이 전시장 안을 가득 채웠다. 한편에서는 '버펄로 빌 Buffalo Bill'의 서부 활극 쇼가 백인의 눈으로 서부 정복을 재현했고, 다른 한편에서는 제국의 탄생을 알리는 '프런티어 이론'이 발표되었다. 이 행사들만 보아도 당시 미국인들이 생각한 미국과 세계에 대한 관념들이 얼마나 다중적으로 교차되었는지 알 수 있다. 확실히 박람회는 혁신적인 동시에 제국적인 공간이었다.

미국과 세계 : 모호한 경계

이렇게 오랫동안 머릿속을 떠돌던 혁신주의와 인종적 제국주의의 밀월 관계에 대한 심증에 확신을 심어준 책이 에이미 캐플란 Amy Kaplan의 『제국의 혼돈*The Anarchy of Empire in the Making of U.S. Culture*』이다.

이 책에서 영문학자이며 미국학회American Studies Association의 회장을 역임한 캐플란은, 미국 문화에서 '국내적'이고 '외국적인' 것의 관계, 정책·문화 현상 등이 얼마나 상호 연관되어 있는지 밝혔다. 루스벨트 개인의 예를 들자면, 그가 쿠바 전장에 뛰어든 것은 당시 미국 내부의 변화에서 자극받은 측면이 있으며, 이후 미국 내 외국인 및 유색인종에 대한 정책을 결정할 때에도 외국에서 경험한 바가 중요한 역할을 했다는 것이다.

논의를 넓혀 보면, 미국인의 '미국인임'을 결정하는 것은 단지 미국 사람들끼리의 문제가 아니라, 제국 미국, 즉 세계인들과의 관계 속에서 형성된 '미국'이라는 정체성과 밀접하게 연결될 수밖에 없다. 이민 제한법은 미국 내에 들어온 이민에 대한 반응이자, 같은 시기 제국 미국이 서부와 남부와 해외에서 만난 인종 집단들에 대한 관념의 산물이기도 하다. 또 영화 〈국가의 탄생〉은 미국의 내전인 남북전쟁을 다루었으나, 실은 영화가 만들어진 시기에 벌어진 미국과 스페인의 전쟁을 재현한 것이다. 따라서 영화 속 KKK단의 행진 장면은 단지 남부 흑인을 밟고 일어선 미국이 아니라, 타 대륙의 인민을 포로로 삼고 건설한 미 제국의 표현이다.

미국사 분과에서 이러한 국내 정책과 해외 정책의 상호 연관성이 잘 다루어지지 않았던 것은 혁신주의는 혁신주의대로, 외교사는 외교사대로, 흑인사는 흑인사대로, 이민사는 이민사대로 따로따로 연구되었던 탓이 크다. 하지만 역사가가 아닌 캐플란은 이런 구분에서 벗어나 국내외를 넘나들며 그 접합점들을 부각시키는 데 성공했다. 현재 미국의 틀을 완성한 이 중요한 시대를 논할 때, 앞으로는 분과별 연구뿐만 아니라 그 사이의 상호작용과 겹침을 논하는 연구도 나와주었으면 하는 바람이다. 이 책이 그 도화선 역할을 한다면 더 바랄 것이 없겠다.

경계

'혁신'과 '개혁'은 오늘날 우리 사회에서 너무나 익숙한 단어들이다. 하지만 이 책에서 다룬 미국의 혁신주의 개혁과 우리의 그것을 단순 비교하는 것은 적절하지 않다. 이 책의 의도 역시 그런 것에 있지 않다. 부디 미국 혁신주의운동의 역사적 맥락이나 운동

의 성격, 주도적 인물 등에 대한 면밀한 분석 없이 단지 비슷한
수사만을 갖다 붙이지 말았으면 한다.

주석

서론

1 Richard Hofstadter, *The Age of Reform : From Bryan to FDR* (New York : Alfred Knopf, 1955) ; Robert Wiebe, *The Search for Order, 1877-1920* (New York : Hill and Wang, 1967).

2 Samuel P. Hays, "The Politics of Reform in Municipal Government in the Progressive Era," *Pacific Northwest Quarterly 55* (1964), pp. 157-169.

3 Gabriel Kolko, *The Triumph of Conservatism : A Reinterpretation of American History, 1900-1916* (New York : Free Press, 1963); James Weinstein, *The Corporate Ideal in the Liberal State, 1900-1918* (Boston : Beacon Press, 1968).

4 T. J. Jackson Lears, *No Place of Grace : Antimodernism and the Transformation of American Culture, 1880-1920* (New York : Pantheon, 1981).

5 Daniel T. Rodgers, *Atlantic Crossings : Social Politics in a Progressive Age,* (Cambridge : Harvard University Press, 1998) ; Michael McGerr, *A Fierce Discontent : The Rise and Fall of the Progressive Movement in America, 1870-1920* (Oxford : Oxford University Press, 2003).

1_오만과 편견의 슬럼개선운동

1 Room in a tenement, 1910, p. 4

2 www.census.gov/population/www/documentation/twps0029/twps002 9.html

3 www.census.gov/population/documentation/twps0027/tab01.txt

4 제인 애덤스의 초기 활동에 대해서는 자서전인 *Twenty Years at Hull-House*(1907) 참
고. 여성에게 주어진 역할을 이용하여 사회 활동 영역을 넓혀나간 헐하우스 독신
여성 개혁가들의 특성과 전략에 대해서는 뛰어난 연구서가 있다. Robyn Muncy,
Creating a Female Dominion in American Reform, 1890-1935(New York : Oxford University
Press, 1991).

5 "Address to Church Conference of Women in Parish House of Trinity Church,"
(March 6, 1903) 옥타비아힐 관련 문서는 필라델피아 Temple University 내의
Urban Archives(이하 UA)에 소장되어 있는 The Octavia Hill Association Papers에
보관되어 있다.

6 Annetta Gibson Mccall, "Supplementary Study of the Housing of the City Negro,"
(November 1916), Housing Association of Delaware Valley(former PHA) Papers,
3-II-126, UA; PHA, "Negro Migration Study," (1917), HADV Papers, 3-II-123,
UA.

7 헬렌 패리시의 일기 중에서. OHA Papers at UA.

8 Eric C. Schneider, *In the Web of Class : Delinquents and Reformers in Boston,
1810s-1930s,* (New York : New York University Press, 1992).

9 "Return to GOP Call Issues by Independents," *Public Ledger*(January 24, 1916).

10 "Final Parkway Work Is Begun," *Philadelphia Inquirer*(April 13, 1915) ; "Two Subway
Loop Contracts Signed by M'Nichol's Co.," *Philadelphia Inquirer*(September 9, 1917).

11 Lincoln Steffens, "Philadelphia : Corrupt and Contented," in *The Shame of the Cities,*
(New York : McClure & Company, 1904), pp.134-161.

12 "Mr. Rohan Attacks 'Straw' Bondsmen," *Philadelphia Tribune*(July 27, 1912) ; "At
Their Old Game," *Philadelphia Tribune*(August 3, 1912).

13 "Philadelphia Colored Voters : Attention!" *Philadelphia Tribune*(October 26, 1912) ;
"What Do the Colored Voters Owe the Vares?" *Philadelphia Tribune*(October 27,
1917).

2_백색도시 환타지

1 Frederick Law Olmsted, Jr., "The City Beautiful," *The Builder 101*(July 7, 1911) :

1517, from http://www.library.cornell.edu/Reps/DOCS/olmst_11.htm

2 John Coleman Adams, "What a Great City Might Be--A Lesson From the White City," *New England Magazine 14*(March 1896) : 3-13 ; Charles Zueblin, "The Civic Renascence : "The White City" and After," *Chautauquan 38*(December 1903) : 373-384.

3 Marcuse, "Housing Policy and City Planning," pp.27-29; Frederick Howe, "The Remaking of the American City," *Harper's Monthly Magazine 127*(July 1913) : 186-197.

4 *The Chicago World's Fair of 1893 : A Photographic Record* (New York : Dover Publications, 1980).

5 J. W. Petavel, "The Town Planning of the Future," *The Westminster Review 172* (October 1909) : pp.398-405.

6 James Beck, "The Necessity of a City Hall Plaza," *in The Proposed Parkway for Philadelphia*, by the Parkway Association(1902), p.9.

7 "Six Dead from Tenement Crash," *Evening Bulletin*, December 25, 1936 ; "40 Families Get Order To Vacate Perilous Homes," *Public Ledger*, December 26, 1936 ; "'How Are We To Move?' Bandbox Occupants Inquire," *Record*, December 27, 1936 ; "To Evacuate 1,000 Bandbox Families," *Evening Bulletin*, February 2, 1937.

8 Philadelphia Housing Association, *Housing in Philadelphia*, (1922), pp.3-6.

9 "Urges Councils to Rent Vacant Parkway Ground," *Inquirer*(February 2, 1912) ; "Go On With the Parkway," *Public Ledger*(February 3, 1912) ; "Construct Parkway At Once," *Inquirer*(February 10, 1912).

10 Howe, "The Remaking of the American City," passim.

11 James M. Beck, "The Necessity of a City Hall Plaza," in *The Proposed Parkway for Philadelphia*, p.64.

12 William Wilson, "The Ideology, Aesthetics and Politics of the City Beautiful Movement," in Anthony Sutcliffe, ed., *The Rise of Modern Urban Planning, 1800-1914* (New York : St. Martin's Press,) pp.165-198.

13 Ebenezer Howard, *Garden Cities of To-morrow*, edited with a Preface by F. J. Osborn

(London : Faber and Faber, 1946), pp.42-56 ; Stephen V. Ward, ed., *The Garden Cit y : Past, Present, and Future* (London : E & FN Spon, 1992).

14 W. D. P. Bliss, "The Garden Cities Association of America," p.286 ; Richard Foglesong, *Planning the Capitalist City : The Colonial Era to the 1920s* (Princeton : Princeton University Press), p.187.

15 Diggs, "Garden City Movement," pp.631-632 ; Miller, "What England Can Teach Us About Garden Cities," p.534.

16 Bliss, "The Garden Cities Association in America," pp.268-269 ; Foglesong, pp.187-188.

17 *Ibid.*

18 Samuel Howe, "Forest Hills Gardens," p.154 ; Daniel Schaffer, "The American Garden City : Lost Ideals," in Stephen Ward ed., *The Garden City*, pp.128-131.

19 Grosvenor Atterbury, "Model Towns in America," *Scribner's Magazine*, vol.52, (July 1912), pp.20-35.

20 Foglesong, *Planning the Capitalist City*, pp.188-189.

21 Peter Marcuse, "Housing Policy and City Planning : The Puzzling Split in the United States, 1893-1931," in Gordon E. Cherry ed., *Shaping an Urban World*, (London : Mansell, 1980), p.25.

22 Marcuse, "Housing Policy and City Planning," p.26.

23 특히 주거 개혁이나 도시 개발을 위해 정부가 나서서 계획을 추진하기란 원천적으로 불가능한 경우가 많았다. 1914년까지도 정부 사업을 위해 토지를 유용하거나 사유재산권의 양보를 받아낼 수 있도록 법제화한 주는 펜실베이니아 단 한 주뿐이었다. Sutcliffe, *Towards the Planned City*, p.114.

3_제국주의 전시장, 만국박람회

1 터너의 논문은 1893년 7월 12일 시카고에서 개최된 미국역사학회 연례학술대회에서 발표되었고, 그 전후로 여러 잡지에 조금씩 다른 판본이 게재된 바 있다. 여기서는 *Report of the American Historical Association for 1893*, pp.199-227에 실린 글을 참고했으며, 출처는 http://xroads.virginia.edu/~HYPER/TURNER이다.

2 "I pledge allegiance to the flag of the United States of America, and to The Republic for which it stands, one Nation under God, indivisible, with liberty and justice for all." Rydell, *All the World's a Fair*, 46.

3 *The Chicago World's Fair of 1893 : A Photographic Record* (New York : Dover Publications, 1980). Charles Zueblin, ""The White City" and After," *A Decade of Civic Development* (Chicago : University of Chicago Press, 1905), pp.59-82.

4 Donald Miller, "The White City," *American Heritage 44-4*(July-August 1993), 70-87 ; James Gilbert, *Perfect Cities : Chicago's Utopias of 1893* (Chicago : University of Chicago Press, 1991), pp.75-130.

5 Julian Hawthorne, "Foreign Folk at the Fair," *Cosmopolitan Magazine 15*(1893), p.568, 570.

6 Rydell, All the World's a Fair, p. 25, 63-64.

7 스티븐 제이 굴드, 김동광 옮김, 『인간에 대한 오해』(사회평론, 2003), 89~94, 203~208쪽

8 *New Indexed Miniature Guide Map of the World's Columbian Exposition at Chicago, 1893* (Rand, McNally & Co., 1893).

9 Henry Cabot Lodge, "Interview with President McKinley," in Daniel Schirmer and Stephen Rosskamm Shalom, eds., *The Philippines Reader : A History of Colonialism, Neocolonialism, Dictatorship, and Resistance* (Cambridge : South End Press, 1987), pp.21-22.

10 Albert Beveridge, "Our Philippine Policy," in Schirmer and Shalom, eds., *The Philippines Reader*, p.23.

11 1899년 반제국주의연맹의 강령 중에서, Shirmer and Shalom, eds., *The Philippine Reader*, pp.30-31.

12 Christopher Lasch, "The Anti-Imperialist as Racist," in Thomas Patterson, ed., *American Imperialism and Anti-Imperialism* (New York : Crowell, 1973), p.115.

13 Robert Beisner, *Twelve Against Empire : The Anti-Imperialists, 1898-1900* (New York : McGraw Hill, 1968), p.76.

14 Richard Welch Jr., "Anti-Imperialists and Imperialists Compared : Racism and

Economic Expansion," in Paterson, ed., *American Imperialism and Anti-Imperialism*, p.62.

15 Walter LaFeber, *The American Search for Opportunity*, 1865-1913, vol. II in *The Cambridge History of American Foreign Relations* (Cambridge : Cambridge University Press, 1993), pp.154-155. 루스벨트의 인종관과 제국주의 발전의 관계에 대해서는 김진희, 〈백인의 의무 : 19세기 미국 오리엔탈리즘과 미국의 정체성〉《미국사연구》19집(2004. 5), 23~49쪽 참고.

16 Theodore Roosevelt, *The Winning of the West* (New York : G.P. Putnam, 1889).

17 Albert Beveridge to the U.S. Senate, January 1900.

18 Theodore Roosevelt, *The Strenuous Life*(New York : Review of Reviews, 1910), p.19.

19 Beveridge, "Our Philippine Policy," p.26.

20 TR to Brooks Adams, LaFeber, *The American Search for Opportunity*, p.188.

21 Frank Cassell, "The Columbian Exposition of 1893 and United States Diplomacy in Latin America," *Mid-America : An Historical Review 67-3*(1985), pp.109-124.

22 "Freaks of Chinese Fancy at the Fair," *Chicago Tribune*(24 September 1893), 33 ; Barbara Vennman, "Dragons, Dummies, and Royals : China at American World's Fairs, 1876-1904," *Gateway Heritage 17-2*(Fall 1996), pp.16-31.

23 Sue Bradford Edwards, "Imperial East Meets Democratic West : The St. Louis Press and the Fair's Chinese Delegation," *Gateway Heritage 17-2*(Fall 1996), pp.32-41.

24 *Midway Types : A Book of Illustrated Lessons about the People of the Midway Plaisance* (Chicago : American Engraving Company, 1894).

25 Carol Christ, "Japan's Seven Acres : Politics and Aesthetics at the 1904 Louisiana Purchase Exposition," *Gateway Heritage 17-2*(Fall 1996), pp.2-15.

26 Neil Harris, "All the World a Melting Pot? Japan at American Fairs, 1876-1904," in *Mutual Images : Essays in American Japanese Relations, ed. Akira Iriye* (Cambridge : Harvard University Press, 1975), pp.24-54.

27 Matti Goksyr, "'One Certainly Expected a Great Deal More from the Savages' : the Anthropology Days in St. Louis, 1904, and their Aftermath," *International Journal of the History of Sport 7-2*(September 1990), 297-306 ; Eric Breitbart, *A World on*

Display : Photographs from the St. Louis World's Fair, 1904 (Albuquerque : University of New Mexico Press, 1997).

28 "Philippine Exhibit at the World's Fair, St. Louis," *Report of the Philippine Commission, Annual Report of the War Department, Fiscal Year Ending June 30, 1905* (Washington DC : Government Printing Office, 1905), 28-29 ; Martha Clevenger, "Through Western Eyes : Americans Encounter Asians at the Fair," *Gateway Heritage* pp.17-2 (Fall 1996), pp.42-51.

29 Sharra Vostral, "Imperialism on Display : The Philippine Exhibition at the 1904 World's Fair," *Gateway Heritage* pp.13-4(Spring 1993), 18-31.

30 Martha Clevenger ed., *"Indescribably Grand" : Diaries and Letters from the 1904 World's Fair* (St. Louis : Missouri Historical Society Press, 1996), pp.8-14, 20-27.

4_내부의 타자 만들기

1 Amy Kaplan, *The Anarchy of Empire in the Making of U.S. Culture* (Cambridge : Harvard University Press, 2002), p.25.

2 The Homestead Act, May 20, 1862(U.S. Statutes at Large, Vol. XII, p. 392ff.)

3 Tom McHugh, *The Time of the Buffalo* (New York : Knopf, 1972), pp.275-285.

4 Wayne Gard, *The Great Buffalo Hunt* (New York : Knopf), 1959, pp.210-218.

5 The Pacific Railway Act, July 1, 1862(U.S. Statutes at Large, Vol.XII, p.489ff.)

6 Plessy v. Ferguson, 163 U.S. 537(1896)

7 Louis R. Harlan, ed., *The Booker T. Washington Papers*, Vol.3, (Urbana : University of Illinois Press, 1974), 583-587.

8 Leon F. Litwack, "Hellhounds," in *Without Sanctuary : Lynching Photography in America* (Santa Fe, NM : Twin Palms Publishers, 2000), pp.9-10.

9 Grace Elizabeth Hale, *Making Whiteness : The Culture of Segregation in the South, 1890-1940* (New York : Vintage Books, 1998), pp.199-239.

10 Hale, *Making Whiteness*, p.205.

11 Christina Duffy Burnett and Burke Marshall eds., *Foreign in a Domestic Sense : Puerto Rico, American Expansion, and the Constitution* (Durham : Duke University Press,

2001), pp.4-5.

12 각각의 사건 명은 다음과 같다. *De Lima v. Bidwell*, 182 U.S 1 ; *Goetze v. United States*, 182 U.S 221 ; *Grossman v. United States*, 182 U.S 221 ; *Dooley v. United States*, 182 U.S 222 ; *Armstrong v. United States*, 182, U.S 243 ; *Downes v. Bidwell*, 182 U.S 244 ; *Huus v. New York and Porto Rico Steamship Company*, 182, U.S 392 ; *Dooley v. United States*, 183 U.S 151 ; *Fourteen Diamond Rings v. United States*, 183 U.S 176. 푸에르토리코 관련 사건이 단연코 많았던 이유는 점령지 가운데 미국 본토와 가장 가까운 거리에 있고, 직접적인 무역이 빈번했기 때문 같다.

13 Efren Rivera Ramos, *The Legal Construction of Identity : The Judicial and Social Legacy of American Colonialism in Puerto Rico*, (Washington DC : American Psychological Association, 2001), pp.79-83

14 Amy Kaplan, *The Anarchy of Empire in the Making of U.S. Culture*, (Cambridge : Harvard University Press, 2002), pp.5-6.

15 Walter LaFeber, "The Constitution and U.S. Foreign Policy : An Interpretation," *Journal of American History 74*(1987), pp.695-714.

16 Ramos, *The Legal Construction of Identity*, p. 112.

17 Ramos, *The Legal Construction of Identity*, p. 112.

18 Kaplan, *The Anarchy of Empire*, pp.6-7.

19 Gary Gerstle, *American Crucible : Race and Nation in the Twentieth Century*, (Princeton : Princeton University Press, 2001). 개리 거슬은 이 시기에 확립되는 미국 민주주의 체제의 특성을 '시민권적 국민주의civic nationalism'와 '인종적 국민주의racial nationalism'의 동반 성장이라고 평가한다. 만민평등 사상에 입각한 시민권의 보장을 내세우고 실제로 자발적 참여에 기반한 자유민주주의 체제의 발전을 구가했지만, 사실상 그것은 인종적으로 더 확고하고 정교화된 차별의 논리와 함께 성장했다는 것이다.

5_'이민 천국'의 이민 규제법

1 William Graham Sumner's remark in Richard Hofstadter, *Social Darwinism in American Thought* (Boston : Beacon Press, 1992) p.51.

2 Hofstadter, pp.58, 162-163.

3 김호연, 〈사회 다원주의〉, 《강원사학》 17, 18합집 (2002), 469~489쪽.

4 National Board of Trade, *Proceedings*, 1894, p.131.

5 "The Future Foreign Policy of the United States," *American Federationist 5*(September 1898), pp.138.

6 John Higham, *Strangers in the Land : Patterns of American Nativism, 1860-1925* (New Brunswick, NJ : Rutgers University Press, 1992), pp.87-105.

7 Matthew Frye Jacobson, *Barbarian Virtues : The United States Encounters Foreign Peoples at Home and Abroad, 1876-1917* (New York : Hill and Wang, 2000), p.233.

8 Congressional Record, 44th Cong., 2nd sess., vol.5, p.3, 1877, p.2004.

9 Ibid., p. 2005.

10 Lasch, "Anti-Imperialist as Racist," p.115.

11 Higham, p.96.

12 Jacobson, *Barbarian Virtues*, pp.193-195.

13 Higham, *Strangers in the Land*, pp.99-100.

14 Reports of the Immigration Commission, *Statement and Recommendations Submitted by Societies and Organizations Interested in the Subject of Immigration*, (Washington DC : Government Printing Office, 1910), pp.107-111.

15 Jacobson, *Whiteness of a Different Color*, pp.75-90.

16 Charles B. Davenport, *Heredity in Relations to Eugenics*, (New York : H. Holt, 1911), pp.212-220.

17 Madison Grant, *The Passing of the Great Race*, (New York : Charles Scribner's Sons, 1916), pp.15-16.

18 Henry Herbert Goddard, "Mental Tests and the Immigrant," *Journal of Delinquency*, (September 1917), p.1

19 Henry Herbert Goddard, *Feeble-Mindedness : Its Causes and Consequences* (New York : Macmillan, 1926), pp.121-122, 234.

20 *Reports of the Immigration Commission : Statements and recommendations of Societies and Organizations Interested in the Subject of Immigration* (Washington, D.C. : Government

Printing Office, 1911), pp.106-107.

21 *New York Times*, February 1, 1915, p. 8.

22 Higham, pp.192-193.

23 Higham, pp.201-209.

24 Higham, pp.244-248.

25 Higham, p.226.

26 프레드릭 루이스 알렌, 박진빈 옮김, 『원더풀 아메리카』(앨피, 2006), 90~93쪽.

27 Harry Laughlin, *Immigration and Conquest*, (New York : New York State Chamber of Commerce, 1939), p.39.

28 하이엄 같은 사람이 대표적이다. 하이엄의 고전은 1915년 무렵을 기점으로 혁신주의가 끝났다고 보고, 그 원인을 전쟁과 혁명에서 찾는다. Higham, pp. 158-233.

29 Jacobson, *Whiteness of a Different Color*, p.84.

30 Reports of the Immigration Commission, p.115.

31 Jacobson, *Barbarian Virtues*, p.201.

32 자유의 여신상 건립과 라자러스 시에 얽힌 일화들은 손영호, 『마이너리티의 역사, 혹은 자유의 여신상』(살림, 2003)에서 도움을 얻었다.

33 시가 처음 발표된 것은 *Atlantic Monthly*, vol.70, issue 417(July 1892). 인터넷 검색 출처 : http://cdl.library.cornell.edu/moa/browse.author/a.60.html(2006. 7. 29)

6_인종 개량의 신화

1 따로 표시하지 않는 한, 캐리 벅 사건에 대한 설명은 다음의 내용에서 재구성했다. Lynne Curry, *The Human Body on Trial : A Handbook with Cases, Laws, and Documents* (Santa Barbara : ABC-Clio, 2002).

2 Edwin Black, *War Against the Weak : Eugenics and America's Campaign to Create a Master Race*, (New York : Four Walls Eight Windows, 2003), p.108.

3 Harry Laughlin, "Model Eugenical Sterilization Law," in *Eugenical Sterilization in the United States, A Report of the Psychopathic Laboratory of the Municipal Court of Chicago*, (Chicago : Municipal Court of Chicago, 1922), pp.446-452.

4 Buck v. Bell 274 U.S. 200(1927).

5 Black, pp.3-6.

6 Black, p.110.

7 스티븐 제이 굴드, 김동광 옮김, 『인간에 대한 오해』(사회평론, 2003), 295~308쪽.

8 Margaret Sanger, *The Pivot of Civilization*, p.82.

9 굴드, 315~320쪽.

10 Ordover, *American Eugenics*, pp.127-132 ; Thomas C. Leonard, ""More Merciful and Not Less Effective" : Eugenics and American Economics in the Progressive Era," *History of Political Economy 35* : 4(2003), pp.687-712.

11 Margaret Sanger, "Address of Welcome" to the Sixth International Neo-Malthusian and Birth Control Conference, *Birth Control Review 9-4(*April 1925), p.100.

12 Margaret Sanger, "Unprofitable Children," *Birth Control Review 8-5(*May 1924), p.144.

13 Sanger, "Address of Welcome", p.100.

14 Sanger, *The Pivot of Civilization*, pp.125-138.

15 버지니아 코이니, 안정숙 역, 『마가렛 생거의 이유 있는 반항』(형성사, 1990), 63~65쪽.

16 Sanger, "The Eugenic Value of Birth Control Propaganda," *Birth Control Review 5-10(*October 1921), p.5.

17 Sanger, *The Pivot of Civilization*, p. 189.

18 Black, p.140.

19 Sanger, *The Pivot of Civilization*, p.122.

20 Carole R. McCann, *Birth Control Politics in the United States, 1916-1945*, (Ithaca : Cornell University Press, 1994), pp.139-173 ; Deborah Simmons, "The Negro Project," *Washington Times(*February 8, 2002).

21 박진빈, 〈20세기초 미국 모성주의적 복지정책의 발전〉, 《역사학보》 180집 (2003. 12), 223~245쪽.

22 Steven Selden, "Transforming Better Babies into Fitter Families : Archival Resources and the History of the American Eugenics Movement, 1908-1930," *Proceedings of the American Philosophical Society*, vol.149, no.2, (June 2005), pp.206-210.

23 같은 책.

24 Ellsworth Huntington, Eugene Robison, Ray Erwin Baber, and Maurice R. Davie, "Wanted : Better Babies : How Shall We Get Them?" *People*(April 1931), at http://www.eugenicsarchive.org/html/eugenics/image_header.pl?id=1591&printable=1&detailed= (2006-08-18)

25 Florence Sherbon, *The Child : His Origin, Development and Care*, (New York : McGraw Hill, 1934), p.65.

26 Selden, pp. 210-221.

27 Wendy Kline, *Building a Better Race : Gender, Sexuality, and Eugenics from the Turn of the Century to the Baby Boom*, (Berkeley : University of California Press, 2001), pp.124-156.

28 Stern, *Eugenic Nation*, pp.57-81.

ㄱ

고다드, 헨리Goddard, Henry 186, 187, 188, 212

고한제sweating system 39

곰퍼스, 새뮤얼Gompers, Samuel 176

공동주택 31, 37, 40, 43, 64

〈공동주택법〉→〈뉴욕 공동주택법〉

괌 113

〈국가의 탄생The Birth of a Nation〉 161, 236

'국기에 대한 맹세' 106

〈국적법National Origins Act〉 195, 197

〈국적법First Quota Act〉(1921) 194

〈국적법Johnson-Reed Act〉(1924) 194, 196

그랜트, 매디슨Grant, Madison 185

급진주의 193

긍정적 우생학positive Eugenics 222

〈기어리법Geary Act〉 123

ㄴ

남부 25, 150, 151, 155, 157, 158, 160, 161

노동운동 176, 193

뉴딜 18, 232

〈뉴욕 공동주택법〉 27, 40

ㄷ

『다른 절반은 어떻게 사는가How The Other Half Lives』 36, 37, 38, 43

다운즈 사건(판례) 165, 166

〈단종법Sterilization Law〉 27, 203, 204, 206, 208, 209, 210, 216, 218, 221, 222, 226, 229

대륙횡단철도 11, 176, 178

데븐포트, 찰스Devenport, Charles 184, 188, 220

'도서판례Insular Cases' 163, 164, 165, 166, 168

백색국가 건설사

2006년 10월 12일 초판 1쇄 발행
2011년 12월 1일   3쇄 발행

지은이 박진빈
펴낸이 박남희
편 집 박남주, 노경인, 김주영
마케팅 구본건
제 작 이희수

펴낸곳 도서출판 앨피

　　　　서울시 영등포구 양평동 2가 양평빌딩 301호

　　　　전화 02-2676-2727 팩스 02-2676-5261

　　　　전자우편 geist6@hanmail.net

　　　　등록 2004년 11월 23일 제2011-000087호

ⓒ 박진빈

ISBN 89-92151-05-5 03940

※ 앨피는 (주)뮤진트리의 인문 출판 브랜드입니다.